촌놈이 어때서

정병수 두 번째 수필집

두 번째 수필집을 펴내면서 / 6

1부 소중한 가족과 친구

2부 살며 생각하며

3부 떠나지 말아야 할 여행은 없다

4부 모른 체 하기엔 답답한 직업의식

두 번째 수필집을 펴내면서

저는 한국수필 2015년 3월호에 신인상으로 등단하였습니다. 이를 계기로 '환갑 기념' 명분으로 발간한 수필집이 《영원한 촌놈》인데, 저의 첫 문학 작품집입니다. 그 책에는 어릴 적 산골 농촌에서 자란 고향의 이런 저런 모습과 메모해 둔 기록을 토대로 정리한 단상(斷想)들을 모았습니다. 당시에도 정지용 시인의 시 '향수' 를 떠올리면서 그 옛날 뛰놀던 고향에 대한 생각으로 가슴이 뭉클해지곤 했습니다.

"넓은 벌 동쪽 끝으로 옛이야기 지즐대는/ 실개천이 휘돌아나가고/ 얼룩백이 황소가 해설피 금빛 게으른 울음을 우는 곳/ 그곳이 차마 꿈엔들 잊힐 리야."

그 때 기록해 놓았던 단상들을 책으로 엮고 보니 묘하게도 60 평생 잠재의식 속에 늘 고향의 향수가 살아있음을 깨닫고 놀랐습니다. 그래서 책 제목을 땀 냄새, 풀 냄새 날 듯한 "영원한 촌놈" 으로 정했던 것입니다.

그 후 2년이 흘렀습니다. 첫 번째 수필집의 촌스러움을 조금이라도 극복하고자 배움을 찾아간 곳이 동네 '목요 문예창작교실' 이었습니다. 회원이래야 모두 10여 명에 불과하지만, 모두가 여성이라는 특수 공간에 청일점의 출석과 도전에는 용기가 필요했습니다. 수업은 폐부를 찌르는 듯한 시어(詩語) 한 마디에 감탄하고, 사물과 사건을 대하고 표현하는 시각이 다양함에 고개를 끄덕이게 하는 진지함의 연속이었습니다. 또한 가슴이 찡해지는 지도교수의 크리틱과 격려 덕분에 제 글도 한 편 두 편 쌓이더니, 어느새 40여 편이 되었습니다. 그동인 고향에서 발간되는 합천신문에도 일부 작품들을 간간히 발표하기도 했습니다.

이번에는 큰아들의 결혼을 앞두고 '구슬이 서 말이라도 꿰어야 보배'가 된다는 생각에서 그동안 발표했던 글들을 한 곳에 모아보았습니다. 막상 모아놓고 보니 나의 글재주가 워낙 무디어서 옥을 갈고 닦아 빛이 나는 절차탁마(切磋琢磨)한 작품들이 아니라, 아직도 투박하고 촌스런 원석(原石)에 불과한 글 같기만 합니다. 그래서 이번 책 제목도 "촌놈이 어때서"로 붙였습니다. 수필이란 자신을 들어내 보이는 염치없는 만용(蠻勇)이라고는 하나, 제목을 붙이고 다시 읽어보니 참으로 부끄러울 따름입니다. 흙에서 나서 흙에서 자란 촌놈이 서울이라는 도시에서 생활하면서 또다시 촌스런 일을 저지른 것만 같습니다.

저는 아들만 둘을 낳았는데, 남들이 목메달이라고 말합니다. 미국에 유학 중인 둘째는 2016년에 짝을 만나 결혼해 예쁜 손녀를 낳았습니다. 1주일에 한번 정도 카카오톡으로 손녀 보는 재미가 제법 쏠쏠합니다. 다행히 그동안 마음을 졸이게 한 큰아들도 짝을 만나서 오늘 결혼을 합니다.

두 아들이 모두 떠나고 나면 옛날의 농촌 생활을 떠올려보며 조심스레 귀촌도 고려해볼까 합니다. 귀촌은 좋은 점도 많지만, 불편하고 걱정거리도 많을 것입니다. 그러나 하나를 얻으면 다른 하나는 잃는 것도 순리일 것입니다. 나이 들어 하는 귀촌은 어쩌면 늦깎이의 글쓰기보다 더 힘든 도전이 될 수도 있습니다. 그래서 결단이 필요합니다. 이런 내 마음을 아는지 때마침 라디오에선 정지용 시인의 '향수'가 나를 격려하듯 울려 퍼지는군요.

"흙에서 자란 내 마음/ 파아란 하늘빛이 그리워/ 함부로 쏜 화살을 찾으려/ 풀섶 이슬에 함추름 휘적시던 곳/ 그곳이 차마 꿈엔들 잊힐리야.

전설바다에 춤추는 밤물결 같은/ 검은 귀밑머리 날리는 어린 누이와/ 아무렇지도 않고 예쁠 것도 없는/ 사철 발 벗은 아내가 따가운 햇살을 등에 지고 이삭 줍던 곳/ 그곳이 차마 꿈엔들 잊힐 리야.

하늘에는 성근 별/ 알 수도 없는 모래성으로 발을 옮기고/ 서리 까마귀 우지짖고 지나가는 초라한 지붕/ 흐릿한 불빛에 돌아앉아 노란노란 거리는 곳/ 그곳이 차마 꿈엔들 잊힐 리야."

2017년 11월 4일

백향(柏香) **정병수**(鄭秉洙)

1부　소중한 가족과 친구

촌놈이 어때서

중학교 동창회에 나가면, 고등학교에서 윤리를 가르치는 '전양수'라는 친구를 만나게 된다. 키 크고 체격도 좋고, 미남이다. 술도 잘하고 놀기도 잘하며 입담도 좋아, 동창생들끼리 모이면 사람을 끌어당기는 묘한 매력이 있다. 중학교 다닐 때는 사는 마을도 다르고 집안도 잘 몰랐는데, 동창회로 몇 번 만나 이야기를 주고받으니 성격 좋고 남을 배려하는 마음에 호감이 갔다. 그래서 그런지 동창들이 양수를 편하게 대한다. 더구나 현직 교사라 동창생들의 관심사항인 자녀들의 교육문제까지 무료로 생생하게 상담해주니 인기가 짱이다.

어느 날 모임에 나갔더니, 분위기가 평소와 달리 썰렁해 보였다. 알고 보니 입담 좋은 양수가 빠진 것이다. 그 만큼 그 친구의 역할이 대단함을 알게 되었다. 궁금하여 양수의 안부를 물었더니, 친구들의 대꾸가 없다. 그래서 내 옆에 앉은 친구의 어깨를 치면서 말했다.

"양수가 오늘 안 보이네. 늦게 오나?"

"난 잘 몰라. 다른 사람에게 물어 봐"

그런데 말하는 투를 보니 몰라서 모른다고 하는 것이 아니고, 대답을 회피하는 눈치다. 그래서 양수와 단짝인 친구에게 조용히 물었다.

"양수한테 뭔 일이 있니?"

단짝 친구는 대답 대신 조용히 하라며, 오른쪽 검지를 입에 올린다.

"너만 알아. 정확한 것은 아니지만 양수가 골프를 치다 쓰러졌다는 거야. 그것도 해외에서 말이다. 다행히 응급조치를 할 수 있었기에 다행이지, 안 그랬으면 큰일 날 뻔 했단다. 지금 요양 중인데, 당분간은 얼굴보기 힘들 거야."

믿어지지가 않는다. 꼭 나에게 하는 말처럼 들리기도 해 가슴이 철렁했다. 얼마 후 다니던 학교에다 명예퇴직까지 신청했다는 소문을 듣고 보니 '몸에 이상이 있다는 것은 사실이구나' 싶었다. 그리고 거처는 양평 용문사 근처 농막으로 옮겨 생활한다는 것이다. 언젠가 한번 구경 가서 보았던 바로 그 농막에서 지내는 모양이었나. 농막이라고 해보아야 땅은 넓었지만 컨테이너 하나에 진돗개라고 자랑하는 개 한 마리가 전부인 외지고 썰렁한 곳이었다. 그 속에서 요양한다면 맑은 공기 말고는 건강에 도움이 될지 악화가 될지 상상이 안 되는 그런 외딴 깊은 산속이었다. 그 후 동창회에 자주 나가지도 못했고, 나가는 경우 양수의 안부는 '좀 좋아진 것 같다.'라고 할 뿐 모두 말을 아낀다. 나 역시 일상생활로 돌아오면 '내 코가 석자'여서 친구의 안부를 잊곤 했다.

그러다가 최근 동창회에 나갔더니 양수가 밝은 표정으로 앉아 있는 것이 아닌가? 언제 쓰러졌냐는 듯이 아무 일도 없었다는 듯이 또 구수한 입담으로 옛날처럼 몇몇 친구들과 즐겁게 어울리고 있었다. 나도 무리에 끼어들어 들어보니 화제는 양수 본인의 건강스토리였다. 자신이 어떻게 건강을 회복했는지에 대하여 확신에 찬 목소리로 마치 남의 얘기하듯 말하는 것이었다.

"양수야, 너 몸이 안 좋다더니 내가 보기엔 아무렇지도 않은 것 같네."

"그래 보이니? 일단은 듣기가 좋네. 하지만, 사실은 죽었다가 살아난 몸이나 다름없다. 이제 새로 태어난 것과 같으므로 시골에서 편하게 살래. 너도 한 번 놀러와."

"그래, 한 번 갈께."

"정 박사, 이제 너도 공부만 하지 말고 건강도 챙기면서 쉬엄쉬엄 놀면서 지내라고."

"나도 그렇게 하고 싶지만, 여건이 되어야 말이지."

"네가 말하는 여건이 뭔지는 몰라도, 별개 아니야. 맘먹기에 달렸지. 너는 중학교까지 농사일을 많이 했다며? 나야 말로 어릴 적에 농촌에서 자라면서도 놀기만 하고, 손에 흙 만지지 않았거든. 그런 내가 쓰러진 이후 용문사 근처에서 자연과 더불어 살면서 몸 관리를 하니 쓰러지기 전과 별 차이 없이 회복이 된 것 같아. 모두 친구들 덕분이지 뭐"

"그랬구나. 그런데 나도 생각은 있지만, 막상 실행하기가 겁이 나네."

"나도 간혹 서울로 가긴 하지만 이제 용문 촌놈이 된 거지. 그렇지만 좋아. 머슴애가 둘인데 모두 결혼했고, 마누라도 심심하면 내 건강 챙길 겸 꽃을 가꾼다는 핑계로 간혹 오는데, 사실은 내가 혹시나 옆길로 새지 않나 점검하러 오는 목적이 크겠지. 어쨌든 너도 나처럼 되지 말라는 법이 없으니, 지금부터라도 준비한다 생각하고 한 번 놀러와."

옆에서 묵묵히 우리 이야기를 듣던 다른 친구가 불쑥 우리 사이에 개입한다.

"양수야, 너는 그렇다 치고, 정 박사는 유혹하지 마. 내가 듣기로는 귀촌이든 귀농이든 말처럼 쉽지 않다더라. 괜히 잘 살아가고 있는 정 박사의 맘 흔들지 말고. 더구나 촌놈으로 만들지 말라고…"

양수는 이 말이 듣기에 거슬렸는지 즉각 반론을 한다.

"촌놈이 어때서?"

"아니, 촌놈이 어때서가 아니라, 촌놈이 되기가 쉽지 않다는 이야기이지."

"친구야, 미안하지만 난 그렇게 생각 안 해. 물론 나야 시작은 몸이 그래서 어쩔 수 없이 산골에 왔지만, 정 박사도 어쨌든 촌놈 출신이야. 누에는 뽕잎을 먹어야 되듯이 촌놈은 촌놈식으로 살아야 마음이 편해. 옛날엔 벼슬을 하다가도 그만두면 낙향, 즉 고향으로 갔잖아. 그리고 정 박사는 이미 2년 전에 저 스스로 '영원한 촌놈'이라고 책까지 출간했잖아."

"양수야, 귀촌이든 귀농이든 어디 말처럼 쉽겠냐? 말부터 너무 앞세우지 말고 서울에서 살되 촌놈답게 뚝심으로 살면 되지 않겠냐?"

나하고 상관없이 둘 사이의 목소리가 높아졌다. 옆 자리에 있던 다른 동창들도 우르르 우리 쪽으로 몰려들었다. 놀랍게도 부인이 동의한다면 적절한 시기에 고향이나 시골에 가 살겠다는 친구가 의외로 많았다. 나는 2년 전 《영원한 촌놈》을 출간할 때 서문에 다음과 같이 썼다.

> 내 고향은 버스도 다니지 않던 산골 농촌이다. 서울로 고등학교에 진학하기까지 나는 줄곧 그곳에서 살았다. 우리 마을에는 양지바른 곳에 30호 남짓한 초가집들이 옹기종기 모여 산다. 마을 뒤로 펼쳐진 대나무밭과 마을 앞의 드넓은 논밭들 사이로 굽이굽이 흐르는 개울이

초가집들과 어우러져 한 폭의 산수화를 그려낸다. 나는 그 속에서 추억을 쌓고 꿈을 키우며 어린 시절을 보냈다.

…(중략)…

어쩌면 어릴 적 고향에서의 이런 저런 모습과 풍경들이 내 마음 속 깊이 각인되어 60평생 나의 생각을 지배해 오고 있는지도 모른다. 나는 아직도 그때 쓰던 억양을 버리지 못하고 있으며, 보리 비빔밥 등 어머님가 해주시던 투박한 음식이 여전히 편하고 맛있다.

그렇다. 내가 비록 서울에서 40년을 더 살았어도, 맘만은 '영원한 촌놈'으로 살아가는지도 모른다. 맞다. 아무리 노력해도 내가 도시인 흉내는 낼 수 있어도 세련된 도시인과는 거리가 있는 듯하다. 마치 반기문 장관이 유엔 사무총장을 역임하였어도 푸근한 옆집 아저씨처럼 보이는 것과 같을 지도 모른다.

최근에 용문사에 들렀다가 그 근처에 살고 있는 양수의 시골집으로 갔다. 그 옛날 컨테이너 박스만 있던 밭이 이제는 천지개벽하여 아름다운 별장으로 되어 있었다. 컨테이너의 외부를 집처럼 꾸민 탓인지 몰라볼 만큼 달라져 보였다. 양수는 적절한 넓이의 잔디 마당 한 쪽에 만들어놓은 크지도 작지도 않은 밭에서 나는 싱싱한 채소를 재배하여 먹고 있다고 했다. 집 주변을 둘러보니 갖가지 꽃들이 피어나고 있었고, 잘 자란 나무들은 너울거리는 나비와 새들의 친구가 되고 있었다. 집 뒤에는 대추나무, 복숭아, 배, 블루베리 등 각종 과일나무들이 주인을 기다리며 열매를 맺고 있었다.

나는 양수의 시골집을 다 둘러보고 나서 서울에 있는 집으로 가기 위해 내 차에 타면서 나도 모르게 중얼거렸다.

'그래, 이 나이에 촌놈이면 어때서?'

(2017. 8.) ♣

홍 약국 아들

서울에서 천리 길인 고향에는 초등학교 또는 중학교 동기 동창이 몇 명 있기는 하지만, 여유있게 얘기해 본 적이 별로 없는 것 같다. 산소에 벌초하러 고향에 갔다가도 길가에 선 채 안부만 전하고 그냥 헤어지곤 했다. 각자 사는 지역도 다르고 하는 일도 달라 공통의 화제가 많지 않은데다 고향에서 1시간 늦게 출발하면 서울 도착은 2~3시간 늦는 경우가 많이 서둘러 움직여야 하기 때문이다.

10여 년 전쯤의 일이다. 그 날도 고향에서 대충 일을 보고 서울로 출발하려는데, 인근 면(面) 출신의 중학교 동창이 내 앞에 차를 멈춰 세우는 것이다.

"병수야, 반갑다. 고향엔 어쩐 일이고?"

"반갑다. 찬유구나. 오랜만이다. 그냥 집안 일이 있어 잠시 들렸어. 너는 어때?"

"그냥 그렇지 뭐……"

"마침 너를 보니 생각나는데, 우리 중학교 동창생 모임을 가지면 어때?"

"좋지. 네가 서울에서 주선을 해 봐라!"

이렇게 해서 전국 각지에 있는 중학 동기생 중 생각이 비슷하리라 예상되는 10여명이 모여 모임을 시작하였다. 그리고 2년에 한 번씩

각자 돌아가면서 모임을 주관하기로 했는데, 어느새 햇수로 10여년이 지났다.

우리나라 60년대는 몇 개의 면을 통틀어 중심 지역에 하나 정도의 중학교가 있었다. 그런 중심 지역에는 5일장도 열렸고, 인근 면에서 볼 수 없는 수동식 전화도 있었다. 또한 자장면집도 있었으며, 조그마한 서점도 있었다. 그러나 병원은 귀하여 대부분 없었고, 약국도 드물었다. 그 당시 시골 약국은 단순히 약을 판매하는 약방이 아니라 병을 진단하고 처방까지 하는 종합병원이나 다름없었다. 우리 고향에서 그런 역할을 한 곳이 바로 5일장 어귀에 있던 '백중(百中)약국' 이었다. 약사의 성이 '남양 홍씨' 라 '백중약국' 보다는 '홍 약국' 이라고 더 많이 불리던 약국이었다. 중학교 입학 전까지 한 번도 가 본 적이 없는데도 불구하고, 동네 사람들이 "홍 약국, 홍 약국" 해서 나에게도 귀에 익숙한 약국이었다.

당시 우리가 중학교에 진학할 땐 입학시험이 있었다. 내가 졸업한 중학교도 비록 시골이지만 지역에서 5개 초등학교의 졸업생이 몰리는 유일한 중학교로 2대 1정도의 경쟁을 거쳐야 입학할 수 있었다. 그러다보니 수석 입학을 어느 초등학교 출신이 하느냐 하는 것이 지역 사회의 관심사가 되곤 했다. 당시는 '체력이 곧 국력' 이라며 체력을 강조했던 시절이라 입학시험도 체력 점수의 비중이 컸는데, 상대적으로 체육에 약한 나는 상당히 불리했다. 합격자가 발표되고 난 어느 날 담임 선생님께서 내가 체력장 점수 때문에 수석을 놓쳤다며 안타까워 하셨다.

그 때 수석 합격자는 바로 '홍 약국' 의 아들인 '홍찬유' 였다. 재수를 한 때문인지 키도 큰 편이고, 인상도 좋았다. 성격도 성글성글하여 누구나 좋아하는 스타일이라서 3년 내내 반장을 도맡아 했다. 나는 중학교 3학년 2학기 수업을 끝내고 졸업식도 참여하지 못한 채 서울로 왔기에 찬유에 대해서는 잘 몰랐다. 나중에서야 알게 되었지만, 찬유는 공군사관학교에 입학했다가 적성에 맞지 않아 1학년 말에 자퇴하고 자원재생공사에 다녔다고 했다.

그 뒤 나는 찬유와 몇 번의 만남을 갖게 되었는데, 그때마다 그의 진면목이 조금씩 느껴지기 시작했다. 그는 익은 벼처럼 자신을 앞세우지 않고 항상 자신이 먼저 고개를 숙이는 겸손한 친구였다. 그 날 내가 고향에서 만났을 때도 찬유는 독거노인에게 밥과 반찬을 무료로 배달하고 오는 중이라고 했다. 배달 주체는 찬유가 장로로 시무하는 교회였지만, 실질적인 봉사활동은 찬유가 주도하고 있었다.

자원봉사 활동도 말은 쉽게 할 수 있지만, 보통사람들이 꾸준히 하기에는 쉽지가 않다. 그런데도 찬유는 10년이 넘도록 그 일을 묵묵히 하고 있었다. 하루 이틀도 아니고 비가 오나 바람이 부나 10년이 넘도록 묵묵히 자원봉사를 하는 것이 어디 쉬운 일이던가? 지금도 자원봉사 흉내만 내다가, 때가 되면 군의원이나 선출직 자리를 탐내는 사람이 많은 터라 나는 찬유가 다시 보였다.

그것만으로도 그 친구의 행동이 아름답지만, '색소폰' 연주도 잘 한다는 점에서 나는 찬유가 더 멋지게 보였다. 고향에 행사가 있을 때에는 색소폰으로 재능 봉사도 하는 모양이었다. 더구나 '성불사의 밤' '봉선화' '금강에 살어리랏다' 등 주옥같은 가곡을 작곡한 홍난파 선생이 바로 찬유의 둘째 아버지라는 사실을 나중에 알고 나서 나는 깜짝 놀랐다.

홍난파 선생은 원래 수원에서 4형제 중 둘째로 태어나 어릴 때 서울에 살았는데, 찬유 아버님은 어떻게 해서 산골 중에 산골인 내 고향에 정착하게 됐는지가 궁금했다. 나중에 사연을 들어보니 찬유 아버님은 막내였는데, 안과 의사인 셋째 형을 따라 동래온천

장으로 내려왔다는 것이다. 그리고 부산에 살면서 결혼을 하였으나, 건강이 좋지 않아 잠시 공기 좋은 처가(妻家)에서 휴양한다고 온 것이 그만 우리 고향에 삶의 뿌리를 내리게 된 것이라고 했다.

'홍 약국' 아들인 찬유는 약사가 아니었지만, 그 부인이 약사라서 지금도 대를 이어 '홍 약국' 즉, '백중약국'을 운영하고 있다. '홍 약국'의 아들인 찬유도 이제는 환갑이 지나 칠순을 향하여 가고 있고, 혼기가 찬 잘 생긴 아들도 둘이나 있다. 그러니 이제는 '홍 약국 아들'이 아닌 '홍 약국의 남편'으로 불리거나, '홍 약국의 바깥주인'으로 불리어야만 맞는 말이다.

그러나 그것이 뭐 중요하랴? 중학교 때 부르던 '홍 약국 아들'이나, 그냥 '찬유'라고 하면 그것으로 족하고 정겨운데 말이다. 바라건대 다음 모임 때는 친구들이 모두 모여 지는 해를 등지고 앉아 와인이라도 한 잔 하면서 '찬유'의 아름다운 색소폰 연주를 듣는다면 매우 멋질 것 같다. 그래서 일방적인 부탁을 한다.

"찬유야! 다음 모임엔 멋진 섹소폰 연주 기대한다. 약속 하는 거다. 알았지?"

(합천신문, 2017. 3.)

삶의 동행자

"병수야! 인마, 나 현제다."

"아니, 네가 어떻게 여기에…"

"그래 어쩌다 그렇게 됐다!"

"그렇게 되었다니? 도대체 어떻게 된 게야?"

1974년 10월 3일, 논산훈련소 수용연대에서 나는 전혀 예상하지 못한 '뜻밖의 만남'에 눈시울이 뜨거워졌다. 둘이는 서로 빡빡이가 된 머리를 보고 어색해하며 웃는다. 우리가 논산훈련소 수용연대에 오지 않았다면 나는 신촌에서, 친구는 안암동에서 장발에 가까운 머리를 한 채 공부를 하고 있었을 것이다. 논산훈련소 수용연대는 징집된 예비병이 군사훈련을 받을 체력이 되는지 점검도 할 겸, 인접한 신병 훈련연대로 갈 때까지 잠시 대기하는 곳이다. 몸이 약한 자는 귀가 조치되기도 하고, 부대가 정해지지 않으면 마냥 지루하게 대기하는 곳이지만 군기가 매우 셌다. 그래서 우리는 반갑게 만났지만, 저승사자로 불리는 기간병의 눈을 피해 막사 뒤 구석에서 짧은 몇 마디만 나누고 헤어져야만 했다.

대학 2학년 1학기 때였다. 시골 고향 집에서는 남동생 둘이 동시에 고등학교에, 또 여동생은 중학교에 줄줄이 다니게 되었다. 서울에 있는 나는 아르바이트 등으로 내 용돈은 그런대로 해결하고 있었지만, 등록금이며 동생들 학비 등은 오로지 얼마 되지 않는 농사소득에 의존해야만 했다. 나는 항상 마음이 편치 못했다.

"무슨 뾰쪽한 방법이 없을까? 그래! 어차피 내가 병역 3년을 면제받을 수 없다면 군대부터 해결하자. 3년 후 내가 제대할 쯤이면 동생들도 졸업을 했을 터이므로 형편이 조금은 나아지겠지…"

이렇게 나는 군 입대를 유일한 돌파구로 생각하고 결정을 했지만, 사실 그 때까지 입영 신체검사도 안 받은 상태였다. 결국 지원을 하는 수밖에 없어 봄부터 지원병으로 충원하는 해병대와 공군 등을 알아보았다. 그러던 중에, 당시는 잘 알려지지 않은 전투경찰을 모집한다는 얘기를 우연히 듣고 응시하게 되었다. 당시 전투경찰이 제대로 뭔지도 모르고 지원한 것이지만, 그런대로 인기가 있었는지 10대 1이 넘는 경쟁이었다. 나는 운 좋게 선발 되었지만 문제는 6개월이나 기다려 10월 2일에야 입소한다는 것이다. 다른 대안이 없었던 나는 1학기가 끝나자마자 친구 몇 명에게만 입대소식을 전하고, 입대할 때까지만이라도 고향에 내려가 농사를 짓는 부모님을 돕기로 했다.

현제와 나는 고등학교 2학년과 3학년 내내 같은 반이었다. 말수가 적었던 나는 누구하고도 각별한 사이가 되지 못하였지만, 현제는 이야기가 통했던 몇몇 친구 중의 하나였다. 고향에 내려가기 전 우리 둘은 선술집에 마주 앉아, 나는 학업을 중단할 수밖에 없는 아쉬움을, 현제는 군대에 가게 되면 훈련을 어떻게 잘 극복할 수 있을 것인가에 대하여 주로 얘기했다. 그 때까지도 현제는 입영통지서를 받았다는 말도, 또 언제 어떻게 군대를 가게 될 것이라는 얘기도 없었기에, 우리는 제대 후 만나기로 하고 헤어졌었다.

그 해 여름 나는 고향에 내려가 농사일로 땀을 흘리며 진짜 농사꾼이 되었다. 평소 하던 일이 아닌데도 불구하고 막상 군대를 간다고 생각해서인지 크게 피곤한 줄도 모르고 농사일을 거들었다. 그리고 입영날짜가 되자 혼자 조용히 논산으로 향했다. 그런데 어떻게 된 것인지 현제가 나보다 먼저 논산훈련소 수용연대에 들어와 있었던 것이다. 당시엔 통신시설이 안 좋던 시절이어서 편지 외에는 입영 사실을 알릴 수도 없는 상황이기는 했으나, 수송연대에서 뜻밖에 만나게 되었으니 놀란 것은 당연했다. 마치 오늘날 텔레비전에 나오는 '깜작 쇼' 같은 느낌이었다. 공자는 군자의 세 가지 즐거움(君子三樂) 중 두 번째가 '유붕 자원방래 불역낙호(有朋自遠方來 不亦樂乎)'라고 했다. '먼 곳으로부터 벗이 찾아오니 또한 즐겁지 아니한가'라는 뜻인데, 그 당시 내 기분이 바로 그랬다.

나는 논산훈련소 수용연대에 친구인 현제보다 늦게 들어갔지만, 훈련 배속은 바로 된 탓에 그 다음 날 신병훈련소 25연대로 가게 되었다. 현제도 늦기는 했지만 곧이어 내가 배속 받은 25연대 훈련소로 온 모양이었다. 그러나 같은 25연대라도 중대가 다르면 훈련스케줄이 달라 서로 만나는 것은 힘들었다. 아직 추위가 오기 전인 10월과 11월이라고는 하지만, 안 하던 훈련을 받으려하니 몸이 고달프고 추웠다. 당시 훈련병들은 지금과는 비교할 수 없을 정도로 강도 높은 훈련에 수면은 언제나 부족하였다. 앉으면 졸기 마련이고, 전쟁 영화의 한 장면처럼 행군하면서도 잠을 자는 훈련병까지 있었다.

어느 일요일이었다. 훈련이 없는 날인데도 훈련병들은 '사역(事役)'이라고 하는 잡일에 동원되는 것이 예사였다. 그날도 운동장 수돗가에서 사역을 하고 있는데 낯익은 훈련병이 눈에 띄었다.

바로 현제였다. 두 번째로 '뜻밖의 만남'을 갖게 된 셈이다. 그러나 안타깝게도 손이 튼 채 식기를 닦고 있었고, 표정이 많이 어두워 보였다.

"현제야, 너도 25연대로 왔구나! 훈련은 어때?"

"많이 힘들어! 몸이 안 좋아! 의무실에 있어…"

"왜?"

그 때였다. 멀리서 호루라기를 불면서 다가오는 기간병 때문에 현제와는 더 이상 얘기를 하지 못하고 헤어졌다. 제대 후에야 알게 된 일이지만, 현제는 훈련소 내무반에 도착하자마자 훈련조교가 '훈련병 향도'를 맡으라고 했는데 이를 거부하는 바람에 무척이나 고생을 한 모양이었다. 훈련병 향도는 학급의 반장 격인데, 군대란 특수성 때문에 잘 해야 본전이고 언제나 책임만 따르는 직책이어서 모두들 기피하였다.

그 당시 현제는 매를 많이 맞고 기합을 당해 결국 장 파열까지 되어 의무실로 가게 된 것이다. 공교롭게도 나 역시 훈련병 시절 향도를 맡으라고 했을 때 겁 없이 거절하였다가, 자존심이 상했다고 생각한 훈련조교에 의해 모든 훈련병 앞에서 본보기로 흠씬 맞았었다. 태어나서 그렇게 많이 맞어본 것은 처음이었다. 동병상련의 아픈 추억을 공유한 셈이다.

돌이켜보면 현제와 나는 논산훈련소에서의 뜻밖의 만남이 아니었어도 좋은 우정을 유지했겠지만, 그런 특별한 인연이 있어서인지 그 뒤에도 우리는 같은 시기에 복학하고, 졸업도 같이 하였다. 비록 출신 대학과 직장은 달랐어도 변치 않는 우정을 지니고 지금까지 기쁨이 있으면 서로 축하하고, 슬프면 위로하며, 고민이 되면 상의하며 지내고 있다.

몸이 찌뿌듯하여 산에라도 가고 싶으면 우리는 서로 마음 편한 동행자가 되어 함께 숲 속을 걷거나 비탈길을 오르고 있다. 이마엔 땀이 송글송글 맺힌 채로.

(2016. 5.) ♣

사돈이 된 대학 동창

2016년 1월 어느 날, 저녁을 먹고 거실에 앉아 텔레비전을 보고 있는데, 아내가 이야기를 좀 하잔다.

"갑자기 뭔 얘기?"

나는 담담하게 말했지만, 그 동안의 경험에 비추어보면 선전포고일수도 있겠다 싶어 긴장했다.

"여보, 그냥 당신 의견을 물어보는 건데, 아들 둘이 있는 집안에 둘째 아들이 첫째보다 장가를 먼저 가겠다면 어떻게 생각해?"

나는 속으로 오늘 주제는 별 것 아니네. 다행이다. 그런데 우리도 딸 없이 아들만 둘인데, 설마 우리 집 문제는 아니겠지. 더구나 우리 둘째 한용이는 필라델피아에서 회계학 박사과정 중이라 결혼과는 거리가 멀다고만 생각했다. 또 지금까지 꾸지람을 안 들을 정도로 성실했으니 형을 제치고 장가갈 가능성이 제로퍼센트라고 생각하였다. 그래서 일반적인 생각을 말했다.

"한용이야 그럴 리 없겠지만, 요새는 결혼관이 많이 변했으니 상관없지 뭐. 더구나 친구들 이야기로는 총각들도 옛날과 달라 장가를 안 가려는 풍조가 있는데다 좋은 색시 만나기도 쉽지 않다고 하니, 좋은 사람 있으면 순서가 뭐 중요하겠어?"

"그러니까 당신 생각은 한용이가 첫째보다 먼저 장가를 가도 상관없다 이거지?"

"그렇지! 그건 그렇고 이런 이야기를 왜 하는데?"

내 말에 아내는 대꾸를 하지 않은 채, 뜬금없이 화제를 바꾼다.

"당신 친구 중에 기수 씨라고 있지? 성은 잘 모르겠고…"

"당신이 김기수를 어떻게 알아? 대학 동기동창이지. 현재 우리 동기회의 회장을 10여년 간 하고 있고, 총무는 내가 하고 있잖아. 애들이 어렸을 때 동기생 야유회 등에서 몇 번 봤기 때문에 지금도 보면 얼굴이야 알겠지만, 이름을 어떻게 알아? 당신 기억력 대단해."

"사실은 며칠 전에 한용이로부터 전화를 받았는데, 김기수 씨의 처조카랑 사귀고 있다는 거야. 그리고는 당신이 허락하면 결혼도 하겠데."

"뭐라고? 한용이가 형을 재끼고 결혼을 한다는 게야? 또 결혼했다 치자. 무슨 돈으로 살겠다는 거야? 장학금 받아 겨우 공부하는 형편에 결혼이 가능한 일이야?"

"당신, 화내지 말고 한용이와 통화 한 번 해보지 그래."

"통화는 무슨 통화? 말도 안 되는 소리하면서…"

"방금까지 형과 동생의 결혼 순서가 문제가 안 된다고 해 놓고선 그래. 흥분하지 말고 차분히 생각해 봐."

"그건 일반론이고……"

"일반론이면 누구에게나 적용되어야 하니까, 한용이가 먼저 장가가도 좋다는 거 아니야? 여보, 내가 싸움을 하자는 것이 아니야. 사실 나도 뭐가 뭔지 잘 모르겠어. 며칠 생각해 봤는데, 미국에서 혼자 공부하니까 결혼하면 좋을 것 같기도 하고, 한 편으론 큰 아들인 지용이에게 미안할 것 같기도 하고, 결혼 비용도 만만치 않을 텐데… 참! 색시는 같은 학교 박사과정에 다니는 학생인데,

20여 년 전에 부모님과 같이 이민을 갔데. 시민권자는 아니고, 영주권자라고 하던데…”

“어쨌든 상대의 얼굴도 모르는 상태에서…. 오늘은 이만 하자.”

서재에 들어오니 믿던 도끼에 발등 찍힌 기분이다. 마음을 진정시키고자 했지만 흥분이 쉬 가라앉질 않는다. 그러나 곰곰이 나를 뒤돌아보며 생각해보니, 28살에 결혼했던 나도 결혼 전에 비하여 모든 것이 안정되어 좋았던 기억이 되살아난다.

“그래, 벌써 한용이 나이가 내가 결혼할 때보다 4살이나 많구나. 외국에서 공부한다는 것도 힘든 것은 기본이지만, 외로울 수도 있겠지? 그런데 하필이면 대학 동기동창의 처조카라니…”

아내는 거의 매일 미국에 사는 아들과 통화를 하는 눈치다.

“여보, 오늘 색시 엄마와 큰 고모가 미국 남부 아틀란타에서 뉴욕에 와서 우리 애를 만났나봐.”

“그래서?”

“한용이 말로는 두 분 모두 좋게 보는 것 같데.”

“잠깐, 내 친구 부인이 처조카 사위감 보러 미국까지 갔데?”

“아니, 그러니까 고모와 고모부는 매년 추운 겨울이면 따뜻한 미국 처남 집으로 간다는데 당신은 몰랐어?”

친구가 매년 겨울이면 미국으로 간다는 곳이 아틀란타 근처의 처남 집이었던 걸 그제서야 이해가 되었다.

“우리 아들이 특별히 잘 난 데도 없는데, 어찌하여 높은 점수를 받았을까?”

그 말에 아내는 즉각적으로 반발이다.

“아니, 우리 한용이가 어째서? 난 아직 한용이만큼 잘 생기고 성격 좋은 총각 못 봤네. 일등 신랑감이라고요.”

"당신은 당신 아들이니까 점수를 너무 자의적이고 주관적으로 부여하는 것 아니야?"

"안 그래요. 당신 어디 가서 빈말이라도 그렇게 말하면 난 섭섭할 거야."

"어쨌거나 잘 되었네. 다른 특별한 이유는 없고?"

"나도 잘 모르지. 한용이가 전하는 말에 의하면, 당신과 김기수 고모부가 대학 동기동창인 줄도 모르고, 당신이 어떤 사람인지에 대하여 혹시 고모부가 알 수 있을지 몰라 물어봤다는 거야. 당연히 고모부는 놀랐겠지."

"친구 고모부가 뭐라고 했는데?"

어떻게 말했는지 나는 몹시 궁금한데, 아내는 뜸을 들이며 대답을 않는다.

"뭐라고 했느냐니까?"

"당신은 왜 그렇게 성질이 급해? 나쁘게 얘기 했을까봐 두렵지?"

"그냥 들은 이야기만 해보라니까는…."

"고모부가 그랬대. 그 집 아들은 어릴 적에 야유회 갔을 땐 보고 최근에 본 적이 없어 잘 모른다. 그런데 그 신랑감 아버지에 대해서 굳이 말하라면 눈 감고 시집가도 돼!"

이 한 마디로 인하여 의례 말이 많게 마련인 혼사 문제는 일차천리로 순항하게 되었다. 사실 며느리의 고모부는 대학 시절 '영원한 촌놈'인 나와는 환경이 반대였다. 그런데 졸업을 하고 사회생활을 하면서 최근 10여년 사이에 그 친구가 대학동기회 회장을 맡게 되고, 나는 총무를 맡아 함께 동기회 모임을 이끌어가면서 서로의 장단점에 대해 잘 알고 지내는 절친이 되었다. 아마 내가 술이 약하지 않았다면 더 많이 만났을 터이다. 그 후 혼인을 위한 절차를 밟을 때도 친구는 말을 아끼며 신중했다.

친구의 덕담 한 마디가 경영학에서 말하는 후광효과(Halo effect, 後光效果)가 되어 혼사는 빠르게 진행되었고, 2016년 2월에 우리 내외는 뉴욕으로 건너가 사돈댁과 상견례를 했다. 처음 보는 며느리는 키도 크고 시원한 얼굴에 성격이 밝아 보였다. 더구나 미국에서 역사가 깊은 아이비리그 8개 대학의 하나인 코넬대 출신이었다. 상견례에서 화제의 상당 부분은 친구이자 고모부에 대한 이야기였다. 아들과 며느리 둘 다 박사과정 학생이어서 부득이 예식은 방학 중에 해야 했고, 신랑신부도 시간이 없어 결혼식 1주일 전에야 겨우 입국했다. 많은 하객들의 축하를 받으며 결혼식을 끝내고, 부부가 되어 미국으로 떠나는 아들과 며느리에게 나는 다음과 같은 편지 한 통을 선물로 주었다.

가정을 이루는 아들 **정한용**과 며느리 **신정윤**에게

먼저 너희들의 결혼을 진심으로 축하한다. 지난 2월 뉴욕에서의 상견례를 갖은 지가 어제 같은데 벌써 오늘이 결혼 예식일이로구나. 그동안 너희들은 꿈과 희망의 나래 속에 마음이 한껏 부풀어 있겠지! 나도 기쁨 속에 너희들이 고국에 와 오늘의 주인공이 되기를 기다렸단다.

자고로, 결혼은 동서고금을 막론하고 인륜지대사(人倫之大事)로 여기기에, 나라마다 지역마다 풍습은 다를지라도 '행복'한 가정을 염원하며 모두가 축하와 덕담을 한단다. 그렇다면 무엇이 행복이며, 어떻게 해야 행복해질까? 살아보니 정답은 없는 것 같다. 각자 처한 형편에 따라 여러 덕목 중에서 선택을 조화롭게 하는 것이 중요한 것 같다. 돌이켜보면 나도 지금까지 살아오면서 행복

을 찾아 나름대로 노력한다고 했지만, 쉽게 와 닿는 것은 아니더라. 그래도 끊임없이 노력하며 찾아야 되는 것이 행복이 아닐까 싶다. 내가 비록 여러모로 부족하지만 너희들의 미래에 등불이 될 몇 가지를 권면코자 한다.

첫째, 건강에 힘써줄 것을 당부한다. 우리말에 '지덕체' 라는 표현이 있지만, 나는 '체지덕' 이라고 부르고 싶다. '재산을 잃으면 조금 잃는 것이고, 친구나 명예를 잃으면 많이 잃는 것이며, 건강을 잃으면 모든 것을 잃는 것이다' 라는 말이 있는 것처럼, 건강을 잃으면 본인의 불행은 물론이고 가족과 주위를 힘들게 만든다. 건강한 육체 속에 긍정적인 생각도, 활기찬 직장생활이나 사회생활도 그리고, 화목한 가정도 이룰 수 있기 때문이다.

둘째는, 경제개념을 갖고 살기를 바란다. 유대인의 탈무드에 의하면 세상에서 가장 큰 상처를 주는 것은 빈 지갑이라고 한다. 사람이 돈의 노예가 되어서도 곤란하지만 응당 가지고 있어야할 작은 돈 마저도 지갑에 넣고 다니지 않으면 불행이다. 바라기는 주위 사람들에게 조그마한 것이라도 베풀 수 있는 마음가짐과 여유로움이 있는 생활이 되었으면 좋겠다.

셋째는 회계학에서 대변과 차변이 항상 일치되어야 하듯이 서로에게 덕을 볼 생각 말고, 상호 존중해라. 두 사람은 장점이 많겠지만, 단점도 있게 마련이다. 서로 다른 환경에서 자란 두 사람이 일치를 이룬다는 것이 결코 쉬운 일이 아니다. 그래서 상대방의 약한 점과 부족한 점을 보완해주는 부부가 되길 바란다. 부디 좋은 인연으로 행복하게 살도록 노력해라.

2016년 7월 22일, 아버지 정병수 씀.

지금 생각해보면 나의 친구이자, 며느리의 큰 고모부가 되는 김기수의 그 때 그 말 한 마디가 그저 고마울 따름이다. 지나간 일이지만 그 때를 회상하면, 바로 그 친구는 나에게 급난지붕(急難之朋)이 된 셈이다. 예부터 사돈 사이가 어렵다지만, 우리는 사돈이기 전에 친구이기 때문이다.

(2016. 11.) ♣

절친 장건상을 보내며

건상아!

이게 꿈은 아니겠지? 오는 때는 같아도 가는 때는 다르다더니 네가 떠났다는 전갈을 받고 보니 가슴이 먹먹해지는구나. 지난 40여 년 동안 열심히 살아 온 너였는데, 직장 임기를 마친지 채 열흘도 안 되어 이렇게 유명을 달리하다니 정녕 꿈만 같구나.

아! 슬프고 애통하다. 여기 비로 눈앞에 걸린 사진이 진정 네 영정사진이란 말이냐! 지금이라도 내 앞에 웃는 얼굴로 나타나서 여느 때처럼 '청계산으로 가자'고 할 것 같은데, 이제는 다시 볼 수도 들을 수도 없다니 믿어지지가 않는구나. 지난 연말 우리 경제과 송년회 때만 해도 말쑥한 차림으로 나타나 참석한 모든 친구들과 일일이 악수하면서 인사했던 너였는데 말이다.

네가 이 세상을 떠나기 하루 전 날, 네가 있다는 서울대 병원에 갔을 때 중환자실에서 잠든 네 모습을 본 것이 마지막이 되었구나. 내가 네 손을 만져도 아무런 기척이 없기에 깨어나면 한 마디라도 나누려고 했는데 그마저도 못하고 말았구나. 지금까지 우리가 그랬던 것처럼 촌놈 특유의 강인함으로 몸을 추슬러서 환하게 웃으며 가족과 친구들에게 다시 다가올 줄 믿었는데, 이렇게 한 마디 작별 인사도 하지 않은 채 헤어져야 한다니 가슴이 아프구나.

친구야,

너는 경북 성주에서 태어나고, 난 경남 합천에서 태어났지. 우리가 1973년 연세대학교 경제과에 입학하자마자 너와 나는 같은 시골 출신이어서인지 바로 친해졌지. 그때부터 지금까지 우리는 40여년이 넘도록 때로는 웃고 때로는 서로를 위로하며 지내왔는데, 네가 먼저 떠나간다니 그저 허무한 생각만 드는구나.

너는 그동안 이 세상에 살면서 누구보다도 열심히 살았지. 1977년 졸업과 동시에 행정고시에 합격한 너는 총무처와 경제기획원 등에서 30여년 간 근무하면서 부총리비서관, 대통령 비서실 등 중요한 보직을 두루 거침은 물론이고 뛰어난 능력과 청렴한 고위직 공무원이었지. 그리고 공무원을 그만 둔 2008년부터는 한국금융투자협회 상근부회장으로 4년을, 그리고 다시 며칠 전인 2월 말까지 5년간은 HMC투자증권의 상근감사위원으로 있었기 때문에 친구들이 모두 너를 부러워했단다.

8년 전 서울대병원에서 암 판정을 받고났을 때도 너는 내 사무실에 들려 다른 이들에게 자신의 병을 알리지 말도록 부탁했었지. 수술을 한 이후에 너는 지난 8년 동안 아무도 눈치를 채지 못할 정도로 몸 관리를 잘해 왔고, 난 비밀을 지켜왔었지. 그래서 이번에 너의 부고 소식을 들고 문상을 온 친구들 중에는 네가 교통사고로 그리 된 것인 줄 알고 온 친구들이 많았단다.

몇 년 전 환갑을 앞두고 등산을 하면서 네가 나에게 말했지.

"살아온 날들을 돌아보니 무미건조하고 기계적으로 살아온 것 같아. 100세 시대에 환갑의 신체적, 정신적 연령은 고작 42세에 불과한 청춘이야. 그러니 환갑 이후는 인생 제2막으로 생각하며 신나게 살아 봐야지…."

그러던 네가 그 뒤에도 일에만 매달려 살다가 떠나가다니 참 아이러니 하구나. 모든 공직을 그만 둔 올해 3월부터는 가족들과 함께 여유롭게 보내는가 싶었는데, 이렇게 훌쩍 가족들과 우리들 곁을 떠나게 되다니 그저 안타깝고 슬프기만 하구나. 지금쯤 남미나 아프리카를 여행하고 있는 중이라고 해야 맞을 것 같은데 말이다. 여행은 그렇다 치고, 아직 결혼을 시키지 못한 자녀들 때문에 걱정이 많았을 걸 생각하니 더욱 가슴이 답답해지는구나.

지난 시간을 되돌아보니 너와의 추억이 많구나. 대학시절에 인천 월미도에 갔다가 배를 놓쳐서 고생했던 일이며, 네가 하숙을 하고 있던 집에 놀러가서 하숙집 아주머니한테 눈치 밥을 얻어먹던 일과 각자의 시골집을 서로 방문하던 일 등이 주마등처럼 스쳐가는구나. 대학을 졸업하고 사회생활을 하면서도 우연히 같은 마을에 살게 되어, 주말이면 약속 없이도 그냥 불쑥 전화해서 시간이 나면 편안하게 하던 등산 등이 떠오르는구나. 특히 청계산에 갔다가 내려올 때면 우리는 말없이 소문 난 그 식당으로 가서 막걸리 한 잔씩 하곤 했는데….

사랑하는 벗이여!

이제 하염없이 솟아오르는 슬픔을 참으며 너를 떠나보내야만 되는구나. 가는 너도 아쉽고 섭섭하겠지만, 남아있는 네 아내 최혜경 여사와 너의 아들과 딸인 범주, 은실, 민석에게 어떤 말로도 위로가 되지 않을 걸세. 다만 하나님의 가호가 함께 하길 빌 뿐이구나. 너도 이제는 지상의 모든 걱정을 내려놓고 부디 아프지 않고 이별과 슬픔이 없는 천상에서 고이 잠들길 비네. 잘 가게나.

2017년 3월 11일 친구 정병수 올림.

(2017. 3.) ♣

아버지와 제사 축문

얼마 전 고향 후배로부터 핸드폰 문자가 왔다. 재경 산악회가 관악산에서 시산제(始山祭)를 지낸다는 것이다. 비록 시골 초등학교이기는 하지만 총동창회장이라는 다소 버거운 직함을 맡고 있는 터라 자의 반 타의 반으로 집을 나섰다. 물론 시산제 자체도 궁금했다. 산행을 하는 둥 마는 둥 하고 시산제를 지내는 장소로 발걸음을 옮겼다. 이미 많은 후배들이 시산제를 준비하고 있었다.

시간이 되자 사회자는 순서에 따라 집례를 한다. 축문을 읽을 차례가 되자, 축관(祝官)을 맡은 선배는 걸걸한 목소리로 낭독을 하기 시작한다.

"유세차(維歲次) 단기 4349년 병신년 4월 10일, 재경 쌍백산악회 회원 일동은 천지신명과 산신령님께 엎드려 고하나이다. …(중간 생략)… 부디 우리 회원 모두에게 안전하고 즐거운 산행이 되도록 도와주시고, 술과 음식을 정성껏 올리니 받아 주시옵소서."

시산제가 끝나니 모두가 둘러 앉아 고향 이야기며 산행에 대한 이야기로 꽃을 피운다. 음복(飮福)이란 이름으로 술잔도 계속 돌아간다. 나는 축문을 읽은 선배에게 '유세차(維歲次)'를 축문에 포함시키는 특별한 이유가 있는지를 물어보았다. 선배는 '그래야 축문 같은 느낌이 나지 않느냐'며 반문한다.

그 말은 나에게 묘한 여운을 남기면서, 고향에서 제사 지내던 중학교 시절의 어느 추운 겨울날을 떠오르게 했다. 11대 종손인 아버님은 새벽 1시, 즉 축(丑)시가 되어야 제사를 지냈고, 한문으로 되어있는 축문은 주로 당숙이 읽었다. 나는 축문이 일상생활에서 사용하는 말도 아니고 이해도 되지 않는 말로 하는 것에 대하여 항상 불만이었다.

"유세차 경인 시월 …… 감소고우 …… 공신존헌 상향

(維歲次 庚寅 十月 …… 敢昭告于 …… 恭伸奠獻 尙饗)"

한문 속에 아무리 깊은 뜻이 내포되어 있다한들 결과적으로 옛 성현들의 흉내를 낼 뿐이지 정작 그 안에 담긴 내용은 전달되지 않는 죽은 글이 아닌가? 축문 첫머리에 시작하는 '유세차(維歲次)'란 말도 '세월은 흘러 또 새 해가 돌아왔으니…' 정도의 뜻인데, 이 말을 제대로 알아듣는 사람이 얼마나 된단 말인가.

당시 아버님은 나에게 무서운 존재, 그 자체였다. 그런데 그런 불만이 속에 가득 담겨 있었던 탓인가. 그 날은 무슨 용기가 생겼는지 아버지께 그 불만을 여쭈었었다.

"아부지! 축문 말인데예. 축문을 꼭 한문으로 읽어야 합니꺼? 우리말로 하면 우리나 조상님들이 알아들을 수 있어 좋을 것 같은데예……"

"우째 그런 생각을 하노? 모르면 배울 생각은 안 하고. 양반집에 축문을 한글로 읽는다는 소리를 어디서 한번이라도 들어 봤나?"

내 말을 들은 아버님의 심기가 꽤나 불편해지신 것 같았다. '아차, 내가 괜히 물어봤구나!' 더 이상 대꾸를 했다간 어떤 사태가 일어날지 몰라 그만 방 밖으로 나왔다.

그 때나 지금이나 뜻이 전달되지 않는 한문 축문을 고집하는 것은 한문을 안다는 소수 사람들의 지식 자랑은 될지언정, 제사상을 받는 선조나 참석자들에게는 기일을 기념하는 진정한 축하가 되지 않을 것이다. 그런 생각을 하며 살다보니 최근 아들의 결혼을 앞두고 또 하나의 고민이 생겼다. 신부 댁에 보낼 사주단자(四柱單子)를 어떻게 할 건지 아내가 물었지만 보름이 지난 지금까지 확답을 못했기 때문이다. 아내는 그냥 한복집에 부탁하면 되지 않느냐고 넌지시 속내를 보이지만, 나는 뭔가 찝찝하기만 했다. 한문으로 쓰는 사주단자는 형식과 내용에서 대체로 아래와 같다.

"伏惟孟秋 尊體百福 僕之次子 00 年旣長成 未有伉儷伏蒙 尊慈許以 令愛貺室玆有先人之禮 勤行納幣之儀 不備伏惟 尊照謹拜 上狀 2016年 6月 9日 草溪後人 鄭秉洙 再拜"

위에 쓰인 한문의 요지는 '초계정씨 차남 00에게 귀중한 따님을 아내를 삼게 해주심에 감사드리며, 생년월시는 00년 0월 ㅇ일 ㅇ시 생임을 삼가 알려드립니다.' 정도의 뜻을 담고 있다. 이는 신랑 신부가 서로 얼굴도 모르고 혼인을 하던 시절에, 신랑이 생년월시를 알려주면 신부 측에서 음양오행을 따져가면서 혼인을 할 길일을 선택하기 위한 풍습일 뿐이다. 따라서 옛날과는 결혼 풍습이나 음양오행에 대한 생각이 많이 달라진 요즘은 사주단자를 꼭 보내야 하는 것도 아니다. 다만, 사주단자를 주고받는 것이 미풍이라고 한다면 이해가 되지 않는 한문으로 된 사주단자보다 한글로 쓴 사주단자가 더 낫지 않을까? 차라리 신랑의 주민등록등본에 태어난 시각을 추가하여 보내는 것이 신뢰를 높이는 방법이 되지 않을까?

그래서 이번에는 사주단자를 보내는 흉내만 할 것이 아니라, 사주단자가 지닌 원래의 뜻을 살리면서 쉽게 이해되는 사주단자를 만들어 보내기로 했다.

신00 · 류00 님 귀하.

벌써 한 여름입니다. 우리 집 아들 00과 귀 댁의 따님 00간에 혼담이 오간지 벌써 6개월이 지났습니다. 여러모로 부족한 아들이지만 귀 댁의 따님 00를 평생 사랑하며 행복하게 살겠다고 하니 허락하여 주시면 감사하겠습니다. 저희 집안은 초계정씨(草溪鄭氏) 대사성공파(大司成公派)로 00는 30대손이며, 생년월일시는 19**년 *월 *일 *시 생입니다. 원만한 혼인을 바라며, 삼가 글을 올립니다.

2016년 7월 22일

초계정씨 정병수 올림

이 글을 본 아내는 질책인지 칭찬인지 기어이 한 마디를 던진다.

"그냥 전통대로 놔두면 될 것을 새롭게 한다고 법석이네. 옛날 분들이 알아서 잘 했을 테고, 남들도 바보가 아니기에 지금까지 잘도 사용하고 있고만. 더구나 돈 생기는 일도 아닌데…. 어쨌거나 그렇게 책상에 앉아 고민하더니 그래도 나쁘지는 않네. 하여튼 당신은 가만히 있지를 못한다니까!"

(2016. 7.) ♣

어머님의 교훈

잠수함을 타고 쪽빛 맑은 바다 속으로 내려간다. 코앞에서 해초류가 조류에 흔들린다. 그 사이로 알록달록 예쁜 열대어가 유유히 지나간다. 여행가이드는 큰 고기는 참치이고, 작은 놈은 다랑이라며 신명난 말투로 설명을 한다. 맑은 바닷물 속의 바다 밑이 참 아름답다. 한 동안 넋을 잃고 본다.

잠수함 체험을 마치자, 이번에는 장성한 두 아들이 물놀이 기구를 타잔다. 물놀이 기구를 타보는 것은 아들이 어릴 때 타본 후 처음이다. 벌써 20년도 더 된 것 같다. 겁 없이 워터슬라이드를 탔다. 미끄러져 내려오는 시간은 불과 20여초에 불과한데 괴성이 저절로 터져 나오며 풀(pool)에 떨어진다. 허우적거리며 나오는데 아내와 안전요원은 재미있다는 듯이 웃고만 있다. 뒤따라 슬라이드 하는 두 아들도 괴성을 질러대긴 마찬가지다. 나는 공포로, 아들들은 신이 나서 지르는 것이 다를 뿐이다. 이어 바나나보트를 가족이 다 함께 탔다. 물살을 가르며 나르는 듯한 속도감은 스릴 만점이다. 두 아들은 신이 나서 좋다고 야단인데, 아내는 무섭다고 울듯한 표정을 짓는다.

우리 가족은 적도 아래 남반구에서 주위 사람들을 신경 쓸 필요 없이 신나게 놀았다. 발리 섬은 인도네시아 1만 4천개 섬 중의 하나로, 주로 휴양 목적으로 온 여러 나라의 피서객으로 북적된다. 건기인 6~9월에는 낮에 햇살이 따갑고 기온도 30도를 웃도는데, 아침저녁으로는 초가을마냥 선선하다.

어제 물놀이로 지쳐 일찍 잠자리에 든 탓인지 새벽 4시에 눈을 떴다. 아내는 아직 단잠 중이다. 방해될까봐 발꿈치를 든 채 조용히 방을 나온다. 호텔 주위를 한 바퀴 돌아본다. 야외 등이 훤하게 비친 호텔 주위를 걷다가 문득 하늘을 바라본다. 아니 저것은 북두칠성이 아닌가? 적도 아래 남반구에서도 북극성이 보인다는 것이 신기하다. 호텔 주위에는 야자수 나무를 비롯하여 열대성 나무와 식물로 잘 단장되어 있고, 군데군데 정자도 설치되어 있다. 나는 정자에 앉아 잠시 생각에 젖어본다.

'가족과 함께 이런 곳을 온 적이 있었던가? 처음일 테지. 그동안 직장생활을 충실히 한다는 핑계로 가족에 대해 참 무심했구나!'

그 때였다. 새벽을 알리는 수탉의 우렁찬 소리가 들려오는가 싶더니 호텔 담장 너머 동서남북 여기저기서 다른 수탉들의 우는 소리가 꼬리를 잇는다. 새벽에 우는 수탉 소리를 얼마 만에 들어보는 것인가? 아마 40년도 더 된 것 같다.

순간 마음은 어릴 적 내 고향과 우리 집으로 향한다. 식구들은 해가 뜨면 논밭으로 나가 일을 시작했고, 해가 지면 집으로 들어왔다. 대부분 닭이 우는 새벽에 일어나 하루 일을 준비했다. 고단한 하루생활이다. 그러나 농번기가 지나면 새벽마다 사랑방에서 들려오는 책 읽는 아버님의 목소리가 좋았다. 또 어머님은 내가 눈을 부스스 뜰 때면 언제나 호롱불 밑에서 바느질이나 길쌈 등 뭔가를 하고 계신다.

고등학교 2학년 방학 때였다. 하루는 어머님이 동생과 같이 해인사 계곡으로 캠핑을 가자는 것이다. 그 여행은 어머님과 함께 한 처음이자 마지막 여행이 되었다. 그곳에서의 캠핑은 갑자기 쏟아진 비로 인하여 재미도 없고 고생만 하였지만, 아직도 그날 텐트 안에서 먹은 수박 맛은 잊지 못하고 있다.

한번은 서울생활과 비교하여 힘들게 살아가는 우리 고향집에 대하여 불만스럽게 말했더니, 어머님은 나직하게 다음과 같이 말씀을 하셨다.

“위를 보고 생각하되, 아래를 보고 생활해라. 비록 현재의 처지가 힘들다 해도 생각과 뜻은 높은 데에 두고 더 나은 미래의 모습을 그리면서 살아가야 한다. 인생에 있어서 마음가짐과 생각이 그 사람의 삶을 결정짓기 때문이다. 그래서 인격이 고매한 사람, 능력이 특별한 사람, 부(富)를 이룬 사람들의 장점을 본받고 배우는 것이 필요하지. 반면에 생활은 아래를 내려다보고 하는 것이 좋아. 비록 처지가 힘들다고 해도 주위를 살펴보면 이 세상에는 나보다 더 힘든 사람들이 언제나 있게 마련이다. 그러면 내가 오히려 더 행복하고 축복 받은 사람이구나 하고 생각이 저절로 들게 마련이다.”

평소에는 일에 지쳐서 별 말씀이 없으셨던 무학(無學)인 어머님께서 그날 짧게 들려준 이 말은 지금껏 어느 교회 목사님의 설교에서도 들어본 적이 없는 의미깊은 말이었다. 비록 글자는 모르되 나름대로 세상사를 달관하시듯 사셨던 어머님은 자신만의 부호를 사용하여 언제 돈을 얼마만큼 빌려주었는지를 소상하게 알고 계신 분이기도 했다. 이제 어머님께서 유명을 달리하신지 40여년이 지났다. 난 지금도 가끔 마음이 흔들릴 때면 고향 가족묘원의 어머님 비문(碑文)에 새겨진 ‘위를 보고 생각하되, 아래를 보고 생활하라’ 고 하신 그 말씀을 되새기며 위로로 삼는다.

그 후, 대학 3학년 때의 일이었다. 어머님은 피부가 가렵다고 하는 것이다. 그것이 간디스토마의 초기 증세였으나, 병원에 갈 생각은 않고 민간요법만 받다보니 눈이 노랗게 되는 황달로 발전했다. 나중에는 흑달로 병세가 더 악화됐다. 그제서야 서울에 올라와서 진단을 받아보니 간디스토마로 판명됐지만, 어머님의 병은 이미 때가 늦은 상태였다. 어머님은 돌아가실 때까지 가려워하시면서 몸에 피가 나도록 긁으며 괴로워하셨다. 결국 변변한 치료도 받아보지 못하고 얼굴이 새까맣게 되어 환갑을 목전에 두고 돌아가신 것이다. 그 때 학생인 내가 아무 것도 도와 드릴 수 없는 것이 한없이 원망스러웠다. 나는 어머님의 장례기간 내내 울고 또 울었다. 꽃상여가 나갈 땐 목 놓아 통곡했다. 그것만이 어머님께 드릴 수 있는 유일한 진심이었기 때문이다. 그 생각을 하다보면 지금도 가슴이 아려온다.

어머님은 11대 종가집의 만며느리로 시집 와서, 평생동안 그 많은 제사와 집안일을 하시면서도 한 번도 힘들다고 내색하는 법이 없었다. 아마 숙명이라고 생각한 것인지도 모른다. 또한 11남매의 어머님이시기도 했다. 어머님께서는 자식이 많아서 이름을 헷갈리게 부르는 경우가 다반사였다. 어머님이 아무 자식이름이라도 부르면 자기 이름이 아니더라도 우리 자식들은 눈치껏 알아서 달려갔다. 그러니 집안에 바람 잘날 없는 날이 며칠이나 되었을까? 그런 가정을 챙기시느라고 어디 한 번 맘 편하게 쉬지도 못한 채 고생만 하시다가 가셨다. 그러나 귀신이 아기를 업어가도 모른다는 그 바쁜 농번기철인 음력 5월 내 생일만은 한 번도 잊지 않으시고 꼬박꼬박 챙기시며 미역국을 끓여주시던 어머님이었다. 이국 만 리 먼 인도네시아 발리에서 오랜만에 닭 울음소리을 들으니 새삼 어머님이 그리워진다.

(2014. 7.) ♣

형님 성묫길에

추석을 보름 여 앞둔 날, 4살 적은 남동생으로부터 전화가 왔다. 주말에 시골 고향에 있는 산소에 벌초를 하려 하는데 같이 갈 수 있느냐는 것이었다. 나는 선약 유무도 확인하지 않고 무조건 가겠다고 했다. 작년 추석 벌초 때도 간다고 해 놓고는 급한 일이 생겨 어쩔 수 없이 동생 혼자 가게 한 것이 아직도 마음에 짠하기 때문이었다.

수첩을 펴보니 아니나 다를까 이미 그날 다른 약속이 되어 있었다. 나는 약속한 상대방에게 자초지종을 설명하고 양해를 구했다. 고향을 멀리 둔 사람들은 매년 벌초 때가 다가오면 이래저래 신경이 쓰인다. 벌초에 참여하자니 무리가 따르기 일쑤고, 안 가게 되면 몹쓸 사람이라고 비난받기가 쉽기 때문이다.

이번에 동생으로부터 벌초 얘기를 들었을 때 가장 먼저 떠오른 것은 조카였다. 형은 1남 1녀를 두고 31세에 교통사고로 우리들과 이별했다. 그러기에 아버지의 얼굴도 모르고 자란 두 조카들이 다른 많은 조카들 중에서도 언제나 애틋했다. 다행히도 둘 다 마음씨 착한 아버지를 닮아서인지 곱게 자랐고, 몇 년 전에는 딸이 오빠보다 먼저 시집을 갔다. 결혼식 내내 형의 자리에 대신 앉은 나는 '형님이 계셨으면 참 좋을 텐데…' 라며 남모르게 눈시울을 붉혔다. 2015년 6월에는 좀 늦은 나이로 조카도 결혼하였다. 그래서 벌초도 벌초지만 조카도 이제 결혼을 했으니 새 질부와 함께 아버님 묘소에 인사를 드리는 것이 도리일 것 같았다. 나는 바로 조카에게 전화를 했다.

"조카, 신혼 재미가 어때?"

"그저 그런데요."

"그래? 이번 주말에 고향 산소에 막내 작은 아버지와 같이 벌초하러 가려고 한다. 올해에는 네가 결혼도 했으니 힘들지만 질부와 같이 가는 게 어때?"

"작은 아버지, 안 그래도 어떻게 해야 하나 어머님과 의논 중이었어요. 따라갈 게요."

조카가 흔쾌히 동의하여, 우리는 토요일 새벽 5시에 집에서 출발했다. 고향은 서울에서 천리 길이라 아침 9시가 되어서야 도착했다. 경험상 벌초 같은 야외 일은 덥지 않을 때 일을 마쳐야 하므로, 우리는 바로 가족묘원으로 향했다.

'농포 가족묘원'은 아버님의 호를 따서 지은 이름이다. 18년 전, 11대 종손인 아버님은 췌장암 수술을 받았다. 그 직후 나는 아버님을 설득하여 가족묘원을 조성하기로 했다. 내 고향은 묘에 대한 터부가 심한 지역이다. 아버님을 겨우 설득하여 일을 추진하였고, 선대 묘의 이장은 아버님께서 책임지기로 하셨는데, 이장을 하기도 전에 아버님께서 유명을 달리하셨다. 결국 선대 묘의 이장까지도 자식들의 몫이 되었고, 힘들게 집안 어르신들을 설득하여 증조할아버지와 할머니는 합장하고, 할아버지와 할머니도 합장하였다. 대학 3학년 때 돌아가신 어머님도 아버님 곁으로 모셨다. 그리고 어머님이 돌아가신 후 정확히 1년 후에 유명을 달리한 나보다 5살 많은 형의 묘도 가족묘원으로 이장하였다.

연신 비가 올 것 같은데 내리지는 않아 벌초하기에 안성맞춤이었다. 우리는 벌초에 앞서 준비한 제물로 예를 올렸다. 그리곤 조카에게 가족묘원 비문을 읽도록 했다. 이어 내가 공동비석 후면에 새겨진 세계도(世系圖)에 대해서 보충설명을 하고, 몇 발짝 떨어진 형의 묘자리로 옮겨 비문을 읽었다.

"29세손 병천의 묘. 잠든 이는 농포께서 이곳 향묵 마을로 이사한 해인 1949년 가을에 차남으로 태어나다. 성품이 어질고 착하여 생전의 할머니로부터 귀여움을 받으며 합천고등학교를 졸업하고 서울과 안양에서 직장생활을 하다가 양력 1979년 11월 6일 31세의 나이로 아내와 어린 1남 1녀를 두고 교통사고로 생을 달리하다. 그리운 마음을 달래며 부끄럽지 않는 가족이 될 것을 다짐하오니 부디 이 세상에서 못 다한 생 활짝 피소서. 1979년10월 27일 가족 올림"

나도 모르게 울컥한다. 나와 형은 각별했다. 갑자기 형의 잔영이 주마등처럼 스친다. 형은 부지런하고 천성이 착하여 할머님의 사랑을 독차지 했다. 생을 달리한 지금도 할머니 묘와 6자 정도 떨어진 곳에 묻혀 있다. 할머니는 임종을 앞두고 아버님이 몹시 섭섭해 하실 정도로 합천 읍내에서 자취하며 고등학교에 다니던 손자인 작은 형만 보고 싶다고 하셨다. 그 때 초등학교 6학년이었던 내가 할머니의 위독한 상황을 전하려고 형에게 갔었다. 이전에는 혼자 버스를 타 본 적도 없고 읍내도 구경한 적도 없는 내가 그 당시 무슨 용기로 수업 중이던 형의 교실까지 찾아갈 수 있었는지 모르겠다. 교실문을 두드려 수업하다가 나오신 선생님께 찾아온 이유를 말씀드렸더니, 선생님과 형 반 친구들은 기특하다는 듯이 나를 바라보던 눈빛이 선하다. 나는 형과 함께 부지런히 집에 돌아왔지만 이미 할머니는 운명하신 후였다. 형은 몹시도 섭섭해 하며 울었다.

형은 부지런하기로 소문이 자자했지만, 남을 배려하는 마음도 남달라서 동네 어른들의 칭찬이 자자했고 신문에 기사화해야 한다고까지 했었다. 물론 동생들에게도 자상하였다. 당시 고향에서 서울로 공부하러 간다는 것은 결코 쉽지 않았다. 그래서 형은 고등학교를 졸업하자마자 서울로 취업을 해서 올라갔다. 내가 시골 중학교를 졸업하고 서울로 올라올 수 있었던 것도 전적으로 형의 배려였다. 밥 세끼를 먹는 데는 지장이 없는 시골집이었지만, 학비나 용돈을 기대할 수 없는 상황에서 형은 실질적으로 나의 보호자였고 후원자였다.

그러나 마음씨 착한 형도 군복무는 너무나 힘들었던 모양이다. 체격이 좋아 헌병대로 차출된 것부터 적성이 안 맞아서 '힘들다'면서 괴로운 심정을 나에게 토로하곤 하였다. 나는 형을 조금이라도 위로하기 위해 형이 복무하던 강원도에 있는 부대로 면회를 가곤 했지만, 형은 스트레스와 병으로 결국 국군마산통합병원의 신세를 지다가 전역을 했다.

형은 결혼한 후에 어떤 지인과 동업을 시작했으나 사기에 휘말려 고생만 하다가 접어야만 했다. 그 일에 대해 안타까울 정도로 자책하던 형은 안양으로 올라와 회사에 취업을 했다. 취업을 한 후 1년이 흐르면서 그런대로 안정을 찾는가 싶었다.

그런데 내가 대학 4학년이던 해 늦가을 어느 날, 집에 들어서니 분위기가 평소와 달랐다. 아니나 다를까 큰 형수님이 청천벽력 같은 소리를 하는 것이 아닌가.

"삼촌, 놀라지 마세요."

"뭔데요?"

"큰 맘 먹고 들으세요."

형수 얼굴엔 눈물 자국이 어렴풋이 보였다.

“작은 형이 교통사고로 그만 …….”

나는 사망임을 직감했다. 믿기지 않았다. 한동안 눈물도 나오지 않았다. 안양까지 가서 용돈을 받아 온 것이 이틀 전이었기 때문에 더욱 그랬다. 시신이 안치되었다는 수원의 성 빈센트 병원으로 달려갔다.

“만 31세에 어린 1남 1녀를 두고 가는 형도 형이지만, 형수와 어린 조카들은 어떻게 하라고…. 앞으로 이 일을 어떻게 해야 하나?”

눈앞이 캄캄하고, 눈물만 하염없이 나왔다. 그러나 학생인 내가 할 수 있는 것은 아무 것도 없었다. 영안실에서는 염을 앞두고 가족 중에 한 분은 입회도 해야 하고, 또 혼자서 염을 할 수 없으니 가족 중에 도와줄 사람이 필요하다고 하여 내가 나섰다. 내가 염을 할 줄은, 그것도 생전 처음 한 염이 사랑하는 형이 될 줄은 꿈에도 생각하지 못했다. 형의 시신을 고향으로 모셔 장례를 치루고나니 더욱 착잡할 뿐이었다. 작년에는 어머님과 이별하더니, 올해는 작은 형님과도 영원히 헤어지다니…. 고통은 한꺼번에 온다더니 나의 대학 3학년과 4학년은 시련의 연속이었다.

형에 대한 이런저런 생각에 나도 모르게 눈가가 촉촉해진다.

“자, 벌초를 시작하자구.”

동생이 돌리는 예초기 소리가 요란하다. 결혼한 조카와 질부의 모습이 듬직해 보인다. 나는 땀인지 눈물인지 흐르는 물기를 닦는다. 오늘 같은 날은 막걸리가 제격이다. 넓은 묘역과 100미터나 되는 진입로에 대한 벌초는 오후 1시가 넘어서야 겨우 끝났다. 묘원이 산뜻해 보여 기분이 좋다. 고향 마을에 사시는 당숙모에게 찾아가 조카와 질부를 인사시켰다.

"수용이는 아버지를 꼭 빼 닮았구나. 색시도 예쁘네. 아버지가 살아 있으면 얼마나 좋겠노? 앞으로 잘 살아야 한데이."

그 말에 나도 모르게 울컥해진다. 하직 인사를 드리고 당숙모 집을 나서니, 여태까지 참았던 비가 무섭게 쏟아지고 있다.

(합천신문, 2015. 10) ♣

아내의 오해

학기 중에는 '강의가 힘들다' 며 좀 쉬었으면 하다가도, 막상 방학이 되어 집에 며칠만 있어도 몸이 근질근질하여 어디론가 떠나고 싶어진다.

"짧은 기간이라도 좋으니, 잠시 해외라도 가 볼까?"

이런 생각을 하다가 문득 머리를 스치는 것이 있었다. 2015년 가을 학기, 내 클래스에는 중국 유학생이 두 명 있었다. 둘 다 결석도 없이 성실했다. 북경에서 왔다는 남학생은 우리말이 서툴러 강의 내용을 이해하는데 힘들어 했다. 나는 그 학생이 우리나라 학생들과 조금이라도 친해지도록 여러 가지 배려를 해주었다. 하루는 고향인 북경에 대해서 이야기를 해 보라니까 잘 모른다는 것이다. 아마 우리말이 자유롭지 못해 그렇게 대답하지 않았나 싶다. 내가 회계학도 중요하지만 우리말을 더 열심히 배울 것을 부탁하자 "예' 라는 존댓말 대신 "응" 이라고 하여 교실은 한바탕 웃음바다가 되었다.

또 한 명은 하얼빈에서 온 여학생이었는데 우리말을 잘하는 편이었다. 하얼빈에 대해서 소개하라고 하였더니 브리핑 자료(PPT)를 준비해와 학생들로부터 큰 박수를 받았다. 하얼빈시의 인구가 서울만큼이나 많고, 하얼빈시가 속한 흑룡강성의 인구는 삼천오백 만명이나 된다는 사실에 모두가 놀랐다. 또한 세계 3대 겨울축제 중 하나가 하얼빈 빙등 축제라는 사실도 새로운 정보였다.

“그래, 이번 겨울 방학에는 빙등 축제가 있다는 하얼빈시로 가 보자.”

나는 여행사에 전화를 하여 하얼빈에 대해 대충 파악하였다. 그런 후에 아내와 같이 갔으면 하여 의견을 물었다.

“여보, 중국 북쪽에 하얼빈이라는 도시가 있는 것 알지? 안중근 의사와도 관계가 있는 도시 말이야. 겨울이면 세계적인 빙등 축제가 그곳에서 열린대. 같이 안 가볼래? 비행기도 두 시간이면 돼. 일정도 2박 3일로 짧아서 좋아. 자유여행이긴 하지만 간다면 가이드 해줄 사람도 있을 것 같고….”

그런데 반응이 의외였다. 말이 끝나기도 전에 아내는 쏘아붙인다.

“안 가! 당신과 같이 가봐야 재미도 없는데 왜 가? 가고 싶으면 혼자 가!”

아내의 거부가 생각보다 심하다. 이쯤 되면 아내와 함께 하얼빈시로 여행가는 것은 물 건너 간 것이나 다름없다. 뭔가 오해를 단단히 하고 있는 것 같은데, 이유를 묻지 않기로 했다. 혹 때려다 혹 붙인 경우가 한 두 번이 아니기 때문이다. 그래도 이왕에 가 보려고 했으니 친구와 가면 좋을 것 같아 몇 명에게 물어봤으나 모두 허사였다. 하얼빈 빙등 축제 여행은 자유여행으로 중국어를 어느 정도 할 수 있거나, 가이드를 개인적으로 해결해야만 하는 상품이었다. 결국 중국어를 못하는 나는 하얼빈 유학생의 도움을 받을 수 있을까 하여 그 유학생에게 물어보니, 하필이면 이번 겨울에는 북경에 사시는 외할머니 집에 머물기로 했다면서 미안해하는 것이었다. 나는 어쩔 수 없이 하얼빈 여행을 포기할 수밖에 없었다.

그래서 대안으로 알아본 곳이 태국 제2의 도시 치앙마이였다. 치앙마이는 태국의 북쪽에 위치한 옛 수도로서 덥지도 않고, 인근에는 마약인 양귀비 거래로 국제사회에서 자주 거론되는 메콩강의 골든 트라이앵글도 있다. 선배 교수에게 그 얘기를 했더니 태국, 미얀마, 라오스의 3국이 겹치는 골든 트라이앵글에 가보고 싶었는데 마침 잘 됐다며 좋아했다. 오히려 좋은 정보를 줘서 고맙다는 것이다. 그래서 아내에게 바로 하얼빈 대신에 치앙마이로 갈 것이라고 말했다.

그런데 치양마이로 떠나기 3일 전이었다. 아내는 3일 후 집안일로 함께 가 볼 곳이 있다며 시간이 어떻게 되느냐고 묻는 것이 아닌가.

"그 날은 치앙마이로 간다고 했잖아."

그런 내 대답에 아내의 반응은 의외라는 표정이었다.

"치앙마이는 왜 가? 상의도 하지 않고 그냥 혼자 가는 거야?"

갑자기 나는 어안이 벙벙해졌다.

"지난번에 하얼빈 빙등 축제 건 생각 안나? 당신이 안 간다기에 대신 치앙마이로 변경했다고 말했잖아. 그리고 나하고 같이 여행 안 가겠다며?"

"그래, 말 나온 김에 이야기 좀 합시다."

갑자기 존댓말이다. 이런 경우에는 경험상 필연코 논쟁으로 이어질 것이 뻔하다. 또 나중에는 나의 판정패가 확실시되므로 우선 피하는 것이 상책이다.

"내용이 뭔지 모르지만 다음에 얘기하자."

나는 의자에서 일어나 거실로 나가려고 했다. 아내는 두 팔로 가로 막으며 앉으라고 한다.

"아니야, 지금 바로 이야기해야 해."

"무슨 얘긴데 그래? 기억도 나지 않는 20년 전 또는 30년 전 이야기를 하려고 하는 거지? 그 정도 오래된 일은 나뿐만 아니라 보통 남자들은 대체로 기억을 못해. 그런데도 또 들추어내서 이러쿵저러쿵 하면 싸움밖에 안 되잖아. 그러니 그런 얘기는 하지 말든지 다음에 하자고."

어쨌건 나는 그 자리를 피하고 싶었다.

"오래된 이야기가 아니야. 그러니 지금 이야기 해. 1년 밖에 안 된 이야기야."

"그러면 그 때 물어 봐야지. 지금까지 가만히 있다가 오늘 꼭 이야기를 하겠다는 심뽀는 뭐야? 어쨌던 1년 밖에 안 된다고 하니 내가 기억할 수 있을 거야. 말해 봐."

아내는 많은 고심 끝에 말한다면서, 목소리를 가다듬는다.

"지난 번 중남미로 여행갈 때야. 공항 리무진버스 탈 때 왜 내 요금까지 한꺼번에 내지 않고 당신 혼자 요금만 내고 타? 내 버스 요금이 그렇게도 아까워?"

"그게 무슨 소리야? 기억이 잘 나지 않지만, 아무렴 내 요금만 내고 탔을까?"

"당신이 교통카드로 계산하면서 당신 것만 내고 좌석에 앉았잖아. 난 당신이 내 요금도 낸 줄 알고 자리에 앉았는데, 버스기사가 요금 안 낸다고 노려봐서 얼마나 창피했는지 알아?"

아내는 내 교통카드로 자기의 요금을 당연히 계산한 줄로 알았던 모양이다. 그때서야 나는 나대로 요금도 계산하지 않고 태연하게 좌석에 앉는 아내가 오히려 칠칠해보였던 기억이 어렴풋이 되살아난다.

"아! 이제 생각나네. 그런데 교통카드 한 장으로 두 사람 요금을 계산할 수도 있다는 거야? 당신 얘기로는 그게 가능하다는 뜻인데 말이야."

"당연하지. 그걸 몰랐다 말이야?"

"난 그런 소리 들어본 적도 없고 본 적도 없어. 또 그게 사실이면 그 때 말하지 왜 이제 와서 말하는 거야?"

"당신 대학 나온 것 맞아? 그것도 모르게. 초등학생도 다 안다 알아. 어휴, 답답하다 답답해."

내가 교통카드를 사용한지가 2년여가 되지만, 그 때까지도 한 개의 카드로는 한 사람의 요금만 계산할 수 있는 줄로 알고 있었다. 그리고 그 때서야 아내는 내가 그 때 내 요금만 낸 것이 고의가 아님을 안 것이다. 잔뜩 벼르고 도전한 아내는 오해라는 싱거운 결말로 끝이 나게 되니 조금은 쑥스러운 모양이다. 나는 아내와의 말다툼에서 오래 만에 무승부가 된 것 같아 안도의 한숨을 쉬었다. 그런데 그냥 물러서기에는 성이 안 찬 아내는 기어이 반칙을 한다. 단골 메뉴인 30년 전의 일을 꺼내는 것이다.

"그건 그렇다 치고, 당신은 애들이 어릴 때 왜 그랬어? 반찬을 만들면 애들 것은 남겨 둬야지, 왜 애들 먹을 것마저 다 먹고 그랬어? 아버지가 되어 애들 사랑하는 마음이 그렇게도 없단 말이야?"

"아니 또 그 애기야? 내가 배고파서 먹은 것도 아니고, 더구나 맛이 있어 먹은 것도 아니었어. 음식이 남으면 당신의 반찬 솜씨가 없다고 생각할까봐 배가 불러도 일부러 생각해서 먹은 것 뿐이라고…. 그렇게 아까우면 애들 것이라고 이야기를 해야 안 먹지. 아이구! 그 놈의 반찬 애기. 그걸 갖고 아버지 자격이 있니 없느니 하니. 한 번만 더 들으면 벌써 백번이야 백번."

나는 자리에서 박차고 일어나며 말했다.

"모두가 오해야, 오해!"

(한국수필, 2016. 2.) ♣

목메달을 다이아몬드메달로

37년전 가을이 깊어가는 11월에 지금의 집사람과 결혼했고 이듬해 큰아들 지용이, 그리고 또 3년 후 둘째 한용이가 태어났다. 그 당시에는 집안의 대를 잇기 위해서도 조상에게 제사를 모시기 위해서도 아들이 필요하다는 남아선호사상이 강했던 시절이라 단지 아들을 못 낳는다는 이유로 소박당하는 경우도 종종 있었다. 나는 단순히 아들이 둘이라는 것만으로 부러움을 받았는데, 그 반면 '딸딸이 아빠' 라는 이유 하나만으로 힘없이 얼굴을 붉히던 사람도 있었다.

그러던 것이 21세기에 들어서면서 경제적으로 사회적으로 주도권이 남성에서 여성으로 서서히 넘어가는 듯 하더니 이제는 거의 고착화되고 있다. 딸을 낳으면 비행기 타고, 아들 낳으면 버스 탄다는 것이 공공연한 이야기고 현실이다. 오죽하면 딸 둘이면 금메달, 딸 하나 아들 하나면 은메달, 딸 하나면 동메달, 아들 하나면 돌메달, 그리고 아들 둘이면 목메달이라는 우스개 소리가 있을까?

결혼식 등에서 친구나 지인이라도 만나게 되면 으레 손자 손녀 이야기다. 어떤 친구는 핸드폰에 입력된 손자 손녀 사진을 보여주며 "예쁘지?" 하면서 보기를 강권한다. 물론 궁금하기도 하고 귀엽기도 해서 대부분 응한다. 그런데 그 다음 모임에도 그 전에 보여준 것을 까맣게 잊고 마치 처음인양 보란다.

"윤 박사! 지난번에 봤는데 또 보라고? 오늘이 세 번째야. 남들은 이제 만원씩 내놓고 보여준다는데 너도 그럴래?"

"아! 그랬던가? 미안하다."

"아니야, 너만 그런 것이 아니고, 대부분 친구들이 다 그래. 아무튼 좋겠다. 나는 언제 그렇게 하지?"

그런데 가만히 들어보면 친손자 친손녀가 아니고 외손자 외손녀들이다. 아들은 딸 보다 결혼이 늦어져서 그런지 손자손녀가 없어 그런지 아들가진 친구들은 별로 말이 없다. 문제는 아들들의 결혼이 늦기는 하되 장가를 가겠다고 하면 좋은데, 아예 결혼에 관심이 없다고 말할 땐 걱정이 아닐 수 없다. 그렇다고 억지로 결혼을 시킬 수도 없는 노릇 아닌가?

손자 사진을 보여주려다 쑥스럽게 된 윤 박사는 나에 대하여 관심을 표한다.

"아! 참, 정 박사 너는 아직 개혼(開婚)소식이 없었던 것 같은데…."

퍽이나 조심스럽게 묻다가도 말끝을 흐린다. 내가 상처받을까 조심하는 눈치다.

"나는 아들만 둘이야. 아직 소식이 없네. 저희들이 알아서 하겠지."

대답은 그렇게 했지만, 속은 갑갑하다. 그 날 저녁, 그런 내 마음을 모르고 아내는 더 부채질이다

"당신은 친구도 없나? 다른 집안은 아버지가 들어 결혼도 잘도 하더구만…"

듣고 보니 조금은 무심했던 것 같아, 그 이후 적절한 분위기간 되면 큰 아들 배필감을 찾는다는 광고를 했다. 다행히 몇 번 연결도

해 주었지만 결실이 없다. 그러더니 큰 아들은 아버지로부터는 소개를 안 받겠다는 통첩을 보낸다. 가슴이 먹먹하다. 작년 봄까지의 이야기다.

그런데 작년 봄에 미국에 유학 중인 둘째로부터 형을 제치고 더구나 대학 친구의 처조카 되는, 이민간지 20년 쯤 되는 처자와 장가를 가겠다는 기별이 왔다. 순간 당황스러웠지만, 둘째 나이도 내가 결혼할 때보다 4살이나 많은 상태이고 외국에서 혼자 공부하는 것이 힘들기도 하고 외로울 수도 있겠다 싶었다. 더구나 아버지는 연애도 못했는데, 나와는 달리 며느리를 알아서 데려오겠다니 기특하다는 생각도 들었다. 이렇게 해서 작년에 결혼을 시키고, 벌써 손녀가 태어났다. 이제 백일이 조금 지났는데, 공부하는 며느리는 바쁜 와중에도 페이스톡으로 손녀인 서원이의 근황을 알려준다.

"아버님, 별고 없지요? 우리 서원이가 이제 뒹굴려고 해요."

"서원아! 할아버지 보이니?"

물론 페이스톡으로 보이는 사진을 보며 아직 할아버지인지도 모를 것이다. 그러나 1주일에 한 번 통화하면서 메아리 없는 손녀의 이름을 듣는 것만으로도 즐거움이 쏠쏠하다. 그럴 때마다 아직 장가를 가지 못한 큰 아들이 은근히 신경 쓰인다. 그런데 큰아들은 아무렇지도 않은 듯 티를 내지 않고 미국에 있는 동생이며 조카와 스스럼없이 밝게 대화를 한다.

그 모습을 보며 나는 당분간 모른 체 하기로 했다. 그런데 아내가 손녀를 돌보러 3개월 계획으로 미국에 간 어느 날, 큰 아들이 불쑥 통명스런 한 마디를 던지는 것이 아닌가?

"아버지, 저 가을에 결혼했으면 해요."

"아니, 그게 무슨 소리야? 너 여친 있다는 소리 한 번도 안 했잖아? 이 일 엄마도 아니?"

"엄마도 대충은 알고 있어도, 아직 얼굴은 몰라요."

"부모가 처자의 얼굴도 모르고 집안도 모르는데 어떻게 결혼을 하겠다는 거야?"

"그래서 아버님 시간이 되는대로 인사를 드리려고 해요."

"여친 부모에겐 인사 드렸니?"

"얼마 전에 인사를 드렸는데, 그 후 여친으로부터 듣기로는 저를 아주 마음에 들어 하신대요."

미국에 가 있는 아내는 빨라야 6월 말 경에야 입국할 형편이라 부득이 예비 시아버지인 내가 혼자 선을 보기로 했다. 그러자 아내는 주의사항을 보내왔다.

"예비 신부가 주눅들 수 있으니 말을 많이 하지 마세요."

사실 집안이 편안한 것이 우선이므로 아들과 예비 며느리 그리고 나 셋은 아내가 제시한 가이드라인대로 하다 보니 할 얘기가 없었다. 얼굴 보고, 경주김씨 25대손으로 딸 셋의 장녀라는 것이 전부다.

그 후 예비 며느리는 시어머니 될 분이 장기간 미국에 있다는 것을 알고, 아들 편으로 맛난 반찬을 많이 보내왔다. 이에 며칠 후 나는 문자를 보냈다.

"아들 편으로 보내준 반찬을 맛있게 먹었다. 어머님께 감사하다고 전해라. 집 사람이 없어 내가 대신 전한다."

"네, 맛있게 드시고, 나중에는 제가 직접 맛있게 만들어 드리겠습니다."

그 문자를 보니 갑자기 37년 전 내가 아내와 결혼하기로 약속하고 처갓집에 처음으로 인사차 갔을 때가 떠오른다. 장인어른은 문학을 전공하는 교수로서 소문난 애주가였다. 맏사위가 될 사람이 온다고 해서인지 내가 도착하기 전에 이미 술을 거나하게 잡수신 상태였다. 인사를 드리고 나니, 장인어른은 나의 대학 성적 운운하시더니, 뜬금없이 결혼 이후에 어떻게 살아갈 것인가에 대한 중장기 계획을 레포트로 제출하라고 하시는 것이었다. 무척 당황스럽기도 하지만, 레포트가 A+로 되어야만 결혼할 수 있다는 것이었다. 물론 다음 날 술이 깬 다음에는 그런 사실조차 모르셨고, 나는 레포트 제출 없이 무사히 결혼했다. 언제나 말씀이 없이 고고하게 사셨던 장인이 지금까지 살아 계신다면 나의 결혼 생활에 어떤 점수를 주실지 궁금하기만 하다.

두 아들이 있어 한 때는 부러움을 샀던 시절도 추억이 되고, 이제는 아들 둘인 목메달 집안이 돼 버렸다. 거기에다 시중에는 이런 유머까지 나돌고 있다. '3대 어리석은 여자는 며느리를 딸로 착각하는 여자, 사위를 아들로 착각하는 여자, 며느리 남편을 아직도 아들로 착각하는 여자요, 잘난 아들은 국가의 아들이고, 돈 잘 버는 아들은 사돈의 아들이며, 빚진 아들만 내 아들' 이라고 한다. 또한 아들에게 미련도 두지 말라고 유행가처럼 '장가간 아들은 희미한 옛 그림자요, 며느리는 가까이 하기엔 너무 먼 당신' 이라고 못을 박는다. 생각할수록 씁쓸하다.

그러나 삶은 준비하는 자의 몫이요 노력 여하에 따라 달라지는 경우도 많다. 아들 둘이 목메달임이 확실하다 하더라도 며느리를 딸로 삼고 딸이 되어준다면 메달은 달라진다. 큰 아들 내외 은메달 하나, 둘째 아들 내외 은메달 하나 더 추가하여 은메달 2개가 확실하다. 이는 딸 같은 며느리가 둘이 더 생긴다는 뜻이기도 하다. 그러면 아들 둘, 딸 둘은 어떤 메달이 되어야 할까? 다이아몬드메달이라고 하면 어떨까!

(2017. 6.) ♣

2부　살며 생각하며

단 하루의 특별 사면

사면(赦免)이란 대통령이 형 집행을 면제해 주는 것으로, 특정 죄목에 대해 일괄 면제하는 일반사면과 사면의 대상을 일일이 정하는 특별사면, 두 가지가 있다. 매년 광복절이 다가오면 사람들은 대통령의 사면에 대하여 관심이 많다. 사면을 할까? 한다면 그 범위는 어디까지가 될까? 특히 정치적 거물이나 재계 총수가 얼마나 포함될까 등등. 더구나 올해는 광복70주년이라 관심이 지대한 것 같다. 광복절 특사 얘기가 나오면 나는 잊지 못할 40년 전의 체험 하나가 이제는 추억이 되어 떠오른다.

1973년 8월, 대학 1학년 방학 때였다. 후덥지근한 날씨가 계속되는 어느 날 점심을 먹고 나니 노곤하고 무료하다. 이열치열이라고 '자전거라도 타 땀을 빼 컨디션을 조절해야지!' 하며 밖으로 나왔다. 해는 중천에 높이 떠 있고, 아침부터 달구어진 아스팔트는 힘껏 열을 발산한다. 성북동 집에서 출발하여 광화문을 거치고 신촌으로 달린다. 그 곳에서 집으로 뒤돌아올까 하다가, 문득 낯선 곳으로 가보고 싶은 충동에 당시 제2 한강교라 부르던 양화대교를 건넌다.

'쇠뿔도 단김에 뽑아라' 고 하지 않았던가? 갑자기 더 멀리 가보고 싶어 계속 달렸다. 그동안 말로만 들었던 구로동과 안양천변 고척동까지 달리다보니 너무 멀리 온 것 같아 두려운 생각이 들었다. 방향을 돌려 대림동, 한강대교, 서울역을 거쳐 퇴계로로 진입하였다. 이미 페달을 밟은 지 3시간이 지난 상태이다.

석양을 등진 채 차량이 많아진 명동입구거리를 지나갈 때였다. 앞 쪽으로부터 호루라기 소리가 요란하게 난다. '왜 그러지?' 하면서 내가 머뭇거리자, 호르라기를 불던 순경이 다가와서 다짜고짜 나에게 호통을 친다.

"야! 학생, 자전거에서 내려서 인도로 안 가?"

갑작스레 인도로 가라는 이유를 몰라서 어리둥절한 채 물었다.

"왜 그러세요? 제가 뭐 잘못한 거라도…"

"뭔 말이 많아! 따라 와! 자전거 통행 위반이야!"

"자전거 통행위반이라뇨? 저는 도로 가장 자리로 얌전하게 타고 왔는데요."

"뭐라고? 4대문 도심 안에는 자전거 통행이 금지인 걸 몰라? 잔소리 말고 따라 와!"

이렇게 해서 생전 처음 명동파출소를 관할하는 중부경찰서 보호실로 들어가게 되었다. 보호실은 경찰의 조사를 받기 위해 임시로 대기하는 곳이다. 그 후 재판을 받으면 경범자는 경찰서 유치장으로 가고, 징역 등 무거운 벌을 받은 자는 교도소로 가게 된다.

"그래, 오늘은 재수 없는 날이라고 생각하지 뭐. 대신 법무 체험이나 해야지. 언제 이런 기회가 있겠어?"

이렇게 혼자 중얼거리며 보호실로 들어서니 이른 시간인데도 이십여 명이 잡혀 와 있다. 대부분 보따리장수들로 보인다. 그러나 자정이 지나자 한 무리의 통행금지 위반자들이 몰려왔다. 그 외에도 음주, 도박, 폭행, 절도범, 풍기문란 등 각종 잡범들로 이십여 평의 보호실은 꽉 들어찬다. 그들 중에서는 보호실을 단골로 출입하는 사람도 있다. 그 사람은 내 얘기를 듣고는 마치 판사라도 되는 양 '구류 3일' 이란다. 무더운 8월의 보호실은 천태만상이고, 그 군상들로부터 나는 땀냄새로 머리가 아파온다. 그 밤을 어떻게 보냈는지는 기억조차 없다.

다음 날 아침 닭장차에 실려 응암동 즉결 재판소로 갔다. 무슨 죄를 지은 사람이 이리도 많은 것인지 아니면 비효율적인 업무처리 때문인지 우리 일행은 오후 2시가 넘어서야 판결을 받게 되었다. 판사는 형량이 같은 사람들을 일괄하여 호명한 뒤에 한꺼번에 판결을 하였다.

"이상 00명은 구류 3일에 처합니다. 이 판결에 이의가 있으면 정식으로 재판을 청구하기 바랍니다."

이 말이 끝나면서 방망이를 두들기면 재판은 끝이다. 5분도 소요되지 않는 이런 요식 행위를 끝으로 나는 이제 죄수가 되어 같은 경찰서의 보호실에서 유치장으로 옮겨졌다.

유치장에서는 먼저 자해 행위를 예방하기 위하여 팬티만 남기고 옷이며 소지품을 별도로 보관시켰다. 1평 남짓한 방안으로 15명 정도를 밀어 넣는다. 좁아서 겨우 앉으면 어깨가 닿을 정도이다. 방안 한쪽 구석에는 변소도 있어 일어나서 발을 디디기도 힘들다. 저녁에는 도시락이 나왔다. 흰쌀이 희끗희끗 보이는 말로만 듣던 보리밥이다. 반찬은 단무지 외에 한두 가지 더 있다. 대부분이 도시락에 입도 대지 않는다. 하지만 시장이 반찬이라고, 나는 보호실에 들어간 어제 저녁부터 내리 세끼를 굶은 상태였기 때문에 깨끗이 비웠다. 밥을 먹고나서 정신을 가다듬고 생각에 잠긴다.

'이렇게 팬티만 걸치고 자존심이 구개진 채 모래까지 어떻게 견디지? 풀풀한 땀 냄새에다 화장실을 옆에 두고 퍽퍽한 보리밥을 어떻게 먹을 수 있을까? 3일간 법무체험놀이 하는 셈으로 견디겠다고 마음먹었지만 막상 하루 밤 보내는 것도 쉽지 않겠는데….'

더구나 좁은 공간에 갇혀 아무 읽을거리도 없이 멍하게 있어야 하는 압박감은 평상심을 마구 흔들어댄다. 그나마 보호실에서 만난 다양한 사람들에 대한 호기심과 재판을 받는 동안 긴장감 등이 겹친 탓인지 그 상황에서도 너무 피곤하여 쪼그리고 앉아 칼잠이나마 잠시 잤다. 그렇게 해서 유치장 첫날밤을 보냈다. 다음날 새벽에는 묵직하면서도 위압적인 소리가 확성기로 흘러 나온다.

"모두 기상! 인원 점검! 청소 빨리……"

그 소리를 듣고 일어나서 누렇게 변한 화장실 세면대에 찔끔찔끔 나오는 물로 겨우 눈을 닦아본다. 얼굴이 부스스하다. 철창을 통하여 아침 식사인 도시락이 분배된다. 정말 입맛이 가지 않는다.

'그래도 단무지라도 먹어 두어야 내일까지 견딜 수 있지.' 하는 생각을 하며 노란 단무지를 집어드는데, 귀를 의심하게 만드는 소리가 확성기를 통하여 나오는 것이 아닌가?

"내일은 광복절입니다. 그래서 내일 출소하도록 되어 있는 사람은 대통령의 특별사면으로 오늘 출소합니다. 아침 식사를 마친 후 나갈 준비를 해 주시기 바랍니다."

아니 이런 경우가 있단 말인가? 복권이라도 당첨된 기분이다. 모두가 서두른다. 나도 빨리 나가고 싶은 마음에 오히려 초조해진다. 유치장에 들어올 때 맡긴 옷을 찾아 입는다. 땀에 절여진 옷이지만 자존심을 찾은 기분이다.

"고맙습니다. 안녕히 계세요."

관계자에게 인사를 하는 둥 마는 둥 하고 종종 걸음으로 나선다. 천천히 가다간 또 붙잡혀 유치장으로 잡혀갈 것 같은 느낌이다. 드디어 중부경찰서 정문을 벗어난다. 한 마리 비둘기가 머리 위로 날아간다. 자전거를 압수당했던 명동 파출소로 가서 압수됐던 자전거를 찾아 힘껏 페달을 밟아본다. 드디어 광복이다. 다시 자유를 찾은 것이다.

비록 골방일지라도 자율로 혼자서 독서에 매진했다면 그것은 구속이 아닌 자유이다. 원해서 갖는 고독은 그래서 아름답다. 하지만 친구를 만나고 싶은데 타율에 의하여 그것도 죄수란 이름으로 유치장 철장 속에 있으면 아무리 시설이 좋다고 한들 속박일 뿐이다. 젊은 시절 겪었던 구류 3일, 아니 '짧은 단 하루'의 특별사면을 빼면 '구류 1박 2일'의 경험은 왜 자유가 소중한지를 체험하게 만든 잊지 못할 사건이었다. 매년 광복절이 올 때면 그 때 그 시절의 일이 추억이 되어 오늘도 자유로운 상상의 날개를 펴본다.

(한티벌 3호, 2015. 8.) ♣

새해 인사와 육십갑자

나는 간혹 새벽에 동네 뒤 매봉산으로 산책 겸 운동을 하러 간다. 산 정상에는 간단한 운동기구도 있고 체조를 할 수 있는 작은 공터도 있어, 동네 사람들로부터 사랑받는 야트막한 동산이다. 정상에서 십여분 정도 몸을 풀고 내려와도 1시간이면 충분히 다녀올 수 있는 사색의 길이기도 하다. 소나무, 잣나무, 참나무, 상수리나무, 향나무 등 많은 수종에서 뿜어나오는 피톤치드로 머리가 상쾌해지는 도시 속의 허파같은 곳이기도 하다.

양력 2016년 1월 1일의 해돋이 시각은 7시 37분이다. 습관처럼 올해 첫 날의 해돋이를 보기 위하여 옷을 단단히 입고 집을 나선다. 밖은 아직도 어둠이 깔려있고, 차가운 바람이 불어온다. 정상으로 오르는 길목에는 나처럼 새해 첫 날의 해돋이를 보기 위하여 가는 사람이 많다. 자녀들과 함께 하는 부지런한 가족 팀도 있고, 3대가 함께 오르는 아름다운 가족도 보인다.

나도 해돋이 시각에 늦지 않도록 부지런히 정상을 향해 가는데, 핸드폰에선 연신 '카톡 카톡' 거린다. 가던 길을 멈추고 내용을 확인해보면, 대부분. 삼가 새해를 축하한다는 근하신년(謹賀新年)이나, 옛 것을 보내고 새로운 것을 맞이한다는 뜻의 송구영신(送舊迎新)이 대부분이다. 나도 ' 참 부지런하네요. 모두들 복 많이 받으세요.' 라며 묵언의 인사를 날린다.

20년 전만 해도 연말연시가 되면 크리스마스 카드나 연하장으로 인사를 주고받았다. 그런데 해가 갈수록 연하장이 차츰 줄어들더니 올해엔 손가락으로 셀 정도로 뜸해졌다. 어느 사이 새해 인사도 핸드폰이라는 새로운 문명기기를 이용하는 방식으로 바뀌는 듯하다. 아마도 편리성과 속도 면에서 연하장은 핸드폰과 경쟁이 되지 못하기 때문일 것이다. 어쨌든 문자 메세지이든 연하엽서이든 오랫동안 소식을 몰라 궁금했던 분이면 반갑기 그지없다. 그러나 진실한 마음을 전달하는 매체는 핸드폰의 문자가 연하엽서를 따라갈 수 없다. 핸드폰에 담긴 인사말을 보면 대개의 경우 여러 사람들에게 일괄하여 보내는 경우가 많다. 그러니까 받을 사람을 생각하며 정성껏 보내는 연하장만큼은 감흥이 있을 리가 없다. 그에 비해 연하장은 받을 사람을 생각하면서 글을 쓰기에 보낸 이를 오래 생각하게 만들어준다. 나도 옛날에 받았던 연하장 중에서 인상 깊은 글귀가 담긴 몇 장은 지금도 보관하고 있다.

며칠 전 핸드폰을 잘못 조작하여 저장된 전화번호를 다 날려버리는 사고가 있었다. 그 뒤 1주일 동안은 사라진 전화번호를 다시 살려내기 위해 무척이나 노력하면서 이곳저곳의 수리점을 돌아다녔다. 그 사이에 발생하는 생활의 불편함은 물론이고, 전화한 사람을 몰라준다는 섭섭함을 말하면서 때로는 오해까지 해서 거의 공황상태에 빠진 적이 있었다. 우여곡절 끝에 어느 정도의 번호는 겨우 복구하였지만, 새삼스럽게 현대인에게 있어서 핸드폰에 저장된 정보의 위력을 다시 한 번 실감하게 되었다.

40년 전 우리가 대학생일 때는 말할 것도 없지만, 10여 년 전만 하더라도 대학 캠퍼스의 화장실 벽에는 이성에 관한 글이나 호기심을 유발시키는 정치 사회 문제에 대한 낙서가 그런대로 너저분하게 있었다. 그런데 요즈음 화장실에서 낙서를 찾아보기가 쉽지 않다. 요새 대학생은 예전 대학생처럼 고민을 덜해서일까? 아닌 것 같다. 그 이유는 바로 핸드폰에 있다는 것이다.. 화장실 벽에 낙서를 하는 대신 핸드폰으로 하고픈 말을 주고받으며 불만을 해소시키고 있기 때문이란다. 그만큼 핸드폰은 우리 일상생활에서 엄청난 영향력을 발휘하고 있는 혁명적인 발명품으로 우뚝서 있는 것이다. 인터넷과 함께 이름하여 제3차 산업혁명의 주류가 아니든가?

산 정상에 올라 와 일출 시간이 지났어도 날씨가 흐린 탓에 떠오르는 해를 보지 못했다. 아쉬움을 간직한 채 천천히 산을 내려오는데 내 핸드폰에서는 계속 '카톡 카톡' 하는 소리가 들린다. 대부분 친구들로부터 보내온 신년 인사다.

"새해 병신년(丙申年)에는 건강하고 복 많이 받게나!"

의례적인 덕담이지만, 2016년에 복 많이 받으라는 데에는 고마울 따름이다. 그러나 새해 뒤에 접미어라도 되는 양 '병신년(丙申年)'이라고 붙이는 표현에 갑자기 신경이 쓰인다. 하기야 언론에서조차 2016년이 들어서자마자 올해는 원숭이해, 그것도 붉은 원숭이의 해라면서, 원숭이에 대한 소개를 하니까 그대로 따른다. 과연 2016년 1월 1일부터 병신년(丙申年)이고 원숭이해일까?

새해가 언제부터 시작되느냐 하는 것은 역법(曆法)에 따라 다르다. 우리가 흔히 양력이라고 부르는 태양력(太陽曆)은 지구가 태양을 공전하는 데 걸리는 시간을 1년으로 한다. 구체적으로 로마 그레고리우스황제 시절인 1582년 1년을 365.242196일이라고 정한 이후 평년은 365일로 하되 4년마다 윤년을 두어 366일로 하고 있다. 이에 따르면 2016년 올 해가 4년마다 돌아오는 윤년이다. 물론 양력 1월 1일이 새해 첫날이 된다. 우리나라가 이 같은 양력을 공식적으로 사용하기 시작한 시기는 일제 강점기 이전이다. 즉 고종은 1896년

1월 1일부터 양력을 사용하도록 칙령을 발표했다. 물론 곧이어 일제 침략이 시작되고, 일본이 양력을 사용할 것을 강력히 주장한 것은 사실이다. 그러나 100여년이 지난 지금까지도 민간으로 들어가면 음력 신봉이 우리 풍속이라고 주장하는 분들이 있는가 하면, 심지어는 양력을 일본달력이라고 우기는 사람도 있어 안타깝다

태양력과 달리 우리가 흔히 음력이라고 하는 태음력(太陰曆)은 달이 지구를 한 번 공전하는데 걸리는 354일을 1년으로 한다. 이는 태양과는 무관하기 때문에 햇볕과 상관없고 계절변화와도 거리가 멀다. 즉, 봄 · 여름 · 가을 · 겨울의 4계절은 달과는 상관없이 오로지 태양의 일조량, 밤낮의 길이 등에 의해 좌우된다. 문제는 우리나라에서 양력보다 음력이 먼저 도입되었다는 사실과, 일제시대에 양력을 적극적으로 사용하도록 강요받다보니 심리적으로 음력이 친숙한 것인지 모르겠다. 문제는 달빛을 보며 농사를 지을 수 없다는 점이다. 당연히 식물은 햇빛을 받으며 자라기 때문에 우리의 일상생활과 농사는 양력에 따른다. 그래서 양력이라는 이름 대신 입춘 · 입추 · 동지 같은 24절기라는 이름으로 즉, 양력에 의거하여 농사를 지었다. 우리가 흔히 말하는 초복 · 중복 · 말복의 삼복은 24절기는 아니지만 양력이다. 왜냐하면 하지로부터 세 번째 경일을 초복(初伏), 네 번째 경일을 중복(中伏), 입추 후 첫째 경일을 말복(末伏)이라고 하기 때문이다.

참고로 복날의 복(伏: 엎드릴 복)자를 풀이해 보면 개 옆에 사람이 있는 모양새인데, 사람이 더위에 지쳐 엎드릴 정도로 더운 날이라는 해석과 사람(人)이 개(犬)를 잡아먹는 모양새라 개를 먹는 날이라는 해석이 있다.

회계에도 새해의 개념이 있다. 당기순이익을 계산하는 기간을 '회계연도' 라고 하는데, 1월 1일부터 12월 31일까지의 1년으로

할 수도 있고, 4월 1일부터 다음해 3월 31일까지로 할 수도 있다. 심지어는 5월 두 번째 수요일부터 다음 해 두 번째 화요일까지로 한다고 해도 상관없다. 1년이기만 하면 된다. 회계연도가 시작되는 날이 새해 첫날이 되는 셈이다.

이처럼 지구상에 살고 있는 많은 동물 중에 '연도'라는 개념을 고안하여 의미를 부여하고, 생일 등 기념일을 챙기는 것은 인간만이 누리는 특권이다. 이 특권 중의 하나인 새해 첫날은 기준에 따라 다르다. 그렇다면 을미년(乙未年)이니 병신년(丙申年)이니 하는 육십갑자와 띠는 언제를 기준으로 하여 첫날로 해야 할까?

육십갑자의 첫날 시작은 양력 1월 1일이 아니다. 그렇다고 음력이냐 하면 그것도 아니다. 명리학(命理學)에서 해가 바뀌는 기준은 입춘(立春)이고, 2016년의 입춘은 양력 2월 4일 18시 48분이다. 그러니까 입춘은 일(日)의 개념이 아니라 시와 분, 그리고 초의 개념이다. 2016년 2월 4일 18시 47분까지는 을미년(乙未年) 양띠해이고, 입춘인 2월 4일 18시 48분부터 병신년(丙申年) 원숭이해가 되는 것이다. 병신년이 되려면 1달 이상이 남았는데도 미리 원숭이해라고 한다면 을미(乙未)년의 양(羊)은 본의 아니게 자기 이름조차 못 들어 섭섭하지 않겠는가?

2016년 새해 첫날은 양력으로는 1월 1일이요, 음력으로는 2월 8일 구정 설날이다. 그러니 병신년(丙申年) 원숭이띠의 시작은 2월 4일 18시 48분 입춘(立春)부터이다. 입춘 때마다 집안을 청소하고 정성껏 먹을 갈아 입춘대길(立春大吉)과 건양다경(建陽多慶)을 창호지에 쓰시고 대문과 정주문(鼎廚門)에 붙이던 아버님이 오늘따라 더욱 간절히 생각난다.

(합천신문, 2016. 2.) ♣

황당한 일과 당황스런 일

우리말의 황당(荒唐)이란 글자의 순서를 바꾸면 당황(唐惶)이 된다. 황당이란 행동 따위가 터무니없는 것을 뜻하며, 무계(無稽)라는 말을 뒤에 덧붙여 황당무계(荒唐無稽)라고 자주 쓴다. 반면에 당황이란 놀라거나 다급하여 어찌 할 바를 모르는 경우를 뜻한다. 두 낱말의 뜻은 차이가 있지만, 서로 연관성도 많다. 너무 황당한 경우에는 당황하기 마련이기 때문이이다. 어쨌든 살다보면 우리는 황당한 일을 겪기도 하고, 크게 당황하는 경우도 종종 발생한다.

최근 내가 겪었던 황당한 일을 떠올려본다. 지금으로부터 30년 전, 내가 대학생이었을 때 학과는 다르지만 친화력이 남달랐던 한 친구를 알고 지냈다. 대학을 졸업한 그 친구는 자신의 직장보다도 당시 사회적으로 붐이 일던 부동산에 더 많은 관심을 가지고 있다는 소문도 간간이 들려왔다. 어느 날 그 친구는 동창들 10여명의 이름을 나열하며 강원도 홍천에 있는 땅에 투자하기로 했다면서 나에게도 참여할 것을 권유하였다. 그러나 당시 나는 그럴 경제적 여유가 없었다.

"좋은 정보를 줘서 고마운데, 나는 참여하기 힘들 것 같아. 미안해."

막상 그렇게 말을 하고 나니, 모처럼 굴러온 기회를 잃어버리는 듯한 아쉬운 생각도 들었다. 그런데 며칠 후에 그 친구로부터 다시 연락을 받았다. 함께 동참한 친구들의 이름을 하나 하나 들면서 만약 한 구좌를 들 수 없으면 반 구좌라도 투자해 보는 것이 좋지 않으냐는 것이다. 그리고 정 여유가 없으면 대출을 고려해 보라는 것이다.

"대출? 그거 좋은 생각인데, 한 번 알아볼께!"

아쉬운 마음을 가진 터에, 그 친구의 적극적인 권유를 받아들여 나는 결국 400만원을 대출받아 반 구좌만이라도 참여할 수 있었다. 그동안 투자를 권유한 친구와는 무리없이 친하게 지냈고, 동참한 친구들도 대부분 아는 사이였으므로 따로 영수증을 주고 받지는 않았다. 그 후 투자를 한 친구들과 함께 겸사겸사해서 투자한 땅이 있는 홍천에 두 번이나 가서 투자지역에 대한 확인도 했다. 간혹 투자한 사람들끼리 같이 식사를 하게 되면 주요 화제가 투자한 땅이 되기도 하였다. 그러면서 앞으로 세월이 흐르면 행운을 가져다줄지도 모른다고 서로들 기대하기도 했다.

그런데 10여년이 흐른 뒤였다. 투자에 동참한 친구 하나가 홍천 땅을 처분하여 정산했다는 말을 들었다면서, 나는 정산할 때 얼마나 받았느냐고 묻는 것이 아닌가? 투자금을 정산했는지 전혀 몰랐던 나는 황당하고 또 당황스럽지 않을 수 없었다. 당초 그 일을 주도적으로 추진한 그 친구는 오래전에 직장을 그만 두고 개인 사업을 하고 있었다. 나는 그 말을 들은 후 그 친구에게 연락하여 정산 얘기를 했다. 그랬더니 자기가 하는 사업이 어려워져서 내 지분을 다 써버렸다면서, 형편이 풀리게 되면 반드시 갚을 테니 걱정하지 말라는 것이다. 그런 말을 주고 받고나서 나는 그 후 두 번이나 더 독촉을 하였다. 그럴 때마다 그 친구는 형편이 풀릴 때까지 좀 기다려 달라고 했다. 나는 그 친구의 구두약속을 믿고, 한동안은 그런 사실조차 잊고 지낼 정도로 더 이상 독촉을 하지 않았다.

그러다가 3년 전 직장을 그만두게 되자, 그 친구에게 안부도 전할 겸 전화를 했다. 한편으로는 그 친구의 사업이 잘 된다는 소문이 돌고 있어서, 이제는 홍천 땅에 대하여 정산하여주면 좋겠다고 이야기를 했다. 그러자 내 말을 듣고 난 그 친구는 의외의 말을 하는 것이다.

"야! 지금 무슨 소리 하는 거야? 너에게 제일 먼저 정산했어. 네가 직장 그만두다 보니 아쉬워서 그런 말을 하는 모양인데, 정신 차리라고!"

나는 너무나도 황당하였다. 전화로 그동안 겪었던 일을 말하면서 옥신각신하다가 결국에는 내가 먼저 전화를 끊어버렸다. 어처구니 없는 일을 당한 내 마음은 편치 않았다. 10여분이 지났을까. 장문의 메시지가 들어왔다. 그 내용은, 이미 다 정산했으니 자기는 아무런 책임이 없다는 것이었다. 그런 일을 당한 후에 홍천에 같이 투자했던 다른 친구들에게 내가 당하고 있는 억울한 사연을 호소하니, '그 친구는 원래 그런 사람이니까' 더 이상 돈 받을 생각을 하지 말라는 것이다. 나는 뒤늦게나마 그 친구의 나쁜 면을 알게 되어 다행이라고 생각하면서 지난 일을 다 잊기로 했다. 오래 기억할수록 내 마음만 상처를 입을 것이기 때문이다.

그런 일이 있고난 후, 이번에는 매우 당황스런 일을 겪었다. 지난 7월 1일 토요일, 교대역 근처에 있는 서울중앙법원 구내 결혼식장에 갔다가 반가운 사람들을 만나 그동안의 안부도 물어가며 즐겁게 식사를 하고는 헤어졌다. 식장에서 마신 맥주 탓이었을까? 아님 무더위 때문이었을까? 지하철로 향하는 내 이마엔 땀방울이 송글송글 맺히고 있었다. 교대역 2호선 개찰구를 향해 핸드폰을 보면서 걷다가 개찰구를 통과하는 순간이었다.

"아…" 하면서 나는 순간 미끄러져 나뒹굴었다. 이게 웬일인가? 핸드폰은 저 멀리 튕겨져 나가 보이지 않고, 정신이 아찔하였다. 겨우 정신을 차리고 보니 크게 다친 데는 없는 것 같은데, 왼쪽 바짓가랑이 실밥이 모두 터져 팬티가 적나라하게 훤히 보였다. 주변 바닥을 자세히 살펴보니 누군가가 바닥에 커피를 흥건하게 엎질러놓은 상태였다. 내가 미끄러져 넘어진 이유도 흥건하게 엎질러진 커피 때문이었다.

다행히 토요일 오후라 오가는 사람은 많지 않았지만, 내 모습이 너무 창피하여 어찌할 바를 몰랐다. 바지가 너무 많이 찢어져서 그냥 툭툭 털고 지하철을 타러 갈 수도 없는 상황이었다. 쥐구멍이라도 있으면 숨고 싶은 처지였다. 그 때 청소부 아주머니가 나타나서 나를 역무실로 안내하였다. 나의 등장으로 인해 남성들만 있는 역무실이건만 긴장하는 분위기가 역력했다. 그때 선임 역무원으로 보이는 분이 다가오더니 세탁소에 가서 바로 수선을 해드릴 테니 바지를 벗어 달라는 것이다. 그러면서 만약 토요일 오후라서 세탁소에서 수선이 안 되면 역무실에서라도 우선 꿰매어 주겠다는 것이다.

'내가 잘못해서 넘어졌는데, 다들 왜 이렇게 친절하지? 요새 역무원들이 친절교육을 받아서 그런가? 혹시 내가 누군지 알고 그런가? 그건 아니야. 나는 도시철도공항과는 관계가 없어…'

혼자 이런 저런 생각을 하다가 문득 머리를 스치는 게 있었다. 그건 내가 크게 다치기라도 했으면 엎질러진 커피를 청소하지 않은 청소부와 이를 관리하지 못한 역무원의 책임일 수 있다는 생각에 미치자 그제서야 맘이 조금 느긋해졌다.

나는 바지를 벗어주고 팬티바람으로 한 쪽 귀퉁이에 있는 회의실 의자에 앉아서 기다렸다. 멍하니 앉아 있노라니 지루하여 가방에서 책을 꺼내 읽었다. 30분쯤이나 지났을까. 역무원이 수선이 된 바지를 주면서 다시 정중하게 인사를 한다.

"선생님께서 이렇게 조용히 기다려 주시니 감사합니다."

"아니, 별 말씀을요. 이렇게 친절하게 대해 주시니 제가 더 감사하죠."

"혹시, 다치고 아픈 데는 없나요?"

사실은 넘어질 때의 충격으로 히프도 아프고 팔목도 시렸지만, 빨리 사무실을 벗어나고 싶은 생각에 대충 둘러 됐다.

"아프지도 다친 데도 없으니, 조금도 걱정하지 마세요."

그리고는 바로 문을 열고 밖으로 나왔다. 대낮에 강남 중심의 지하철 역무실에서 팬티 차림으로 앉아 있었다는 생각에 얼굴이 화끈거려 그 장소를 빨리 떠나고 싶었다. 그런 내 마음과는 상관없이 역무원은 개찰구까지 따라 나와 45도로 인사를 한다. 그리고 내 이름과 연락처까지 묻는다. 나는 손사래를 치며 종종걸음으로 지하철을 타기 위해 발걸음을 재촉했다.

다음 날 아침에 일어나니 왼쪽 발목과 오른쪽 팔목이 시큰하다. 컨디션도 좋지 않다.

'아무렴 그래도 어떠랴. 역무실에서 팬티바람으로 우두커니 앉아 있는 것보다 약과 아닌가?'

때마침 텔레비전에 누군가가 지하철에서 넘어져서 뇌진탕으로 이 세상을 하직했다는 뉴스가 보도되고 있다.

'저런 사람에 비하면 나는 천만다행이지 뭐…'

(2016. 7.) ♣

성숙한 송년회

나의 초등학교 시절인 1960년대엔 놀거리도 구경거리도 별로 없었다. 보릿고개라 하여 봄이면 식량이 떨어져 산에 가 칡을 캐 먹던 배고픈 시절이었다. 매슬로우(A. H. Maslow)에 의하면 인간은 생리적 욕구, 안전 욕구, 사랑 욕구, 존경욕구를 거쳐 마지막 5단계로 자아실현의 욕구를 밟는다는 것이다. 그런데 당시 시골에 살던 대부분의 가성은 생리적 욕구마저도 해결하기가 힘든 수준이었다. 매슬로우는 전 단계의 욕구가 실현되지 못하면 다음 단계로 가기가 어렵다고 해석한다. 그러니 우리는 생리적 욕구도 충족시키지 못한 아픔을 나름대로 갖고 있다.

텔레비전도 나오기 전이라 영상물을 본다는 것 자체가 신기하였고, 내가 살던 깡촌에 어쩌다 공터에 가설극장이라도 설치되면 그 열기는 오늘날 월드컵 축구 시청에 결코 관심이 덜하지는 않았을 듯하다. 놀이라곤 동네 주변에서 숨박꼭질이나 자치기, 땅따먹기를 하는 정도였다. 그래서 초등학교 가을 운동회는 단순한 어린이들만의 체육대회를 넘어 온 가족의 나들이면서 면민 한마음 축제가 된다. 소풍도 잊을 수 없는 추억이다. 경치 좋은 곳이나 역사적 유래가 있는 곳을 찾는 것은 평소에도 쉽지 않지만, 초딩에게 더 신나는 것은 보통 날은 엄두도 못내는 사이다며 김밥을 먹기도 하고, 단골 메뉴인 보물찾기가 기다리고 있어 생각만 해도 가슴이 뛰었다.

"소풍가는 날은 제발 비가 오지 말아야 할 텐데…"

이렇게 매일같이 하늘을 올려보고 빌면서 빨리 소풍날이 오기만을 기다렸다. 그러나 왜 그 때의 하루하루는 느리기만 하고 지루하기만 했을까? 이제 환갑이 지나고 나니 같은 시간인데도 그때와는 전혀 다른 속도다. 자고 나면 일주일이고, 돌아서면 1달이다. 지인들과 만나면 으레 시간이 너무 빠르게 지나간다며 아쉬워하고, 한 해가 다르게 달라지는 몸에 건강 외에 중요한 화제가 있겠는가?

세월이 빠른 것은 나도 예외는 아닌 듯하다. 180년만의 무더위라며 힘들어 하던 때가 엊그제 같은데, 가을은 또 왔는지도 모르게 인사도 없이 가버리고, 벌써 찬바람이 귓전을 때리는 12월이 된 것이다. 한 장 남은 달력이 마지막 잎새처럼 굳건히 버텨주면 좋으련만 가야만 하는 하루하루를 이겨내지 못할 것이다. 벽에 걸어놓았던 달력도 곧 새 달력으로 바꿔 걸릴 것을 생각하다보면 괜스레 마음까지 쓸쓸해진다. '콩닥콩닥' 가슴 뛰며 설레던 그 연둣빛 기대감과 희망이 넘쳐나던 해맑았던 그때 그 시절은 어디에 가 있는 것일까?

"이제 송년회(送年會) 몇 번 다니다가 보면 올해도 금방 가겠네."

아니나 다를까 또 송년회가 열리니 모이자고 한다. 세월이 빠르다며 나는 혼잣말로 중얼거려 본다. 송년회란 이름으로 모여서 서로서로의 안부를 묻고, 때로는 반가워하고, 아쉬워하고, 때로는 축하하고, 위로한다. 괴로웠던 한 해의 삶을 모두 잊자는 뜻의 망년회(忘年會)라고 불리어진 것도 엊그제 같은데, 이제는 송년회라고 하는 것을 보면 그동안 우리 사회가 많이 발전되고 성숙해진 것인지도 모른다.

하루는 고되어도 긴 시간을 두고 보면 발전하는 것이 사실이다. 송년회든 망년회든 한 공간에서 만나 서로의 안부를 묻고 음식을 나누며, 여기에 조미료 같은 노래가 있는 여흥도 대체로 따르게 마련이다. 그래서 평소 술을 못 마셔도 송년모임에서는 으레 한두 잔은 마셔야 하고, 또 잘 부르든 못 부르든 한 두 곡 정도의 노래도 필수이다. 이는 예부터 가무(歌舞)를 좋아하는 우리민족의 기질에서 연유되는 것인지도 모르겠다.

그런데 나는 이 대목에서 내 개인적으로는 고민이고 때로는 슬프기까지 하다. 아니 몹시 유감이다. 왜냐하면 내 의지와 노력과 상관없이 술은 잘 못하고, 내가 하는 노래는 노래가 아닌 단순한 흥얼거림에 불과하기 때문이다.

먼저 술에 대한 나의 역량은 어떤가? 겉보기로는 막걸리 서너 사발쯤은 가볍게 입가심으로 할 것 같은데, 몸이 감당을 못해내니 내 스스로도 안타까운 일이다. 그렇다고 이 세상에 나를 등극시켜 주신 것만도 고마운 일인데, 왜 두주불사의 아버님을 닮지 않고, 막걸리 냄새만 맡아도 취하셨다는 어머님의 체질을 닮았느냐며 스스로를 원망할 수야 없지 않은가?

또 가무는 어떤가? 전문 가수야 노력도 하겠지만, 보통 노래꾼들이야 타고난 것이 대부분 아닌가? 이들은 노래방에서 마이크를 한번 잡으면 놓지 않는다고 하지만, 나처럼 타고난 음치는 마이크 그 자체가 두려울 뿐이다. 모임 때마다 '난 노래 못하는데' 하고 말하지만 '그러냐?' 며 받아주기는커녕 집요하게 노래하도록 강요한다. 이마에 비지땀을 흘려가며 겨우 한 곡 부르고 나면 들려오는 소리는 내 마음을 아프게 한다.

"방금 누가 노래했어? 그게 소음이지, 노래야?"

이쯤 되면 내 기분은 여지없이 산산조각이 나고 만다. 사실 12월이 가면 올해가 간다고 하는데, 새해라고 해서 오늘과는 다른 새로운 태양이 떠오르는 것도 아니다. 가는 세월이 아쉬워, 아니 한 살 더 늘어가는 나이가 왠지 반갑지 않아 송년회로 보상받으려고 하는지도 모른다.

진정으로 맞이하는 송년회는 지나온 한 해를 반추하며 자신의 삶을 돌아보고, 바쁜 일상으로 자칫 잊을 수 있는 고마운 분들께 감사의 한 마디라도 하는 것이어야지 않을까? 이런 생각을 하다보니, 음악이 흐르는 조용하고 아늑한 공간에서 부드럽고 달콤한 와인과 함께 시나 수필을 낭독하면서 문학적 감동에 젖어 가슴이 뛰는 상상까지 하게 된다.

그럴 땐 못 먹는 술이라도 내가 먼저 권할지도 모를 일이다. 앞으로는 내 상상처럼, 우리 마음을 더 풍성하게 만들고 우리의 생각을 더 깊게 만들어주는 진화된 송년회가 만들어졌으면 한다. 잔잔한 영화나 연극을 보고 난 뒤 한 해를 정리하는 나눔의 시간과 즐거운 연회로 이어지면 어떨까? 이런 상상으로 눈을 감고 있는데, 나직하게 "너나 잘해 봐!" 라는 음성이 어디선가 들려온다.

(2015. 12.) ♣

배운 이의 착각

비영리법인의 비상근 이사라는 자리는 이사회에 참석하는 것 외에 특별히 할 일도 책임 질 일도 많지 않다. 회의에 참석해도 거마비라고 불리는 차비조차 주지 않는 경우가 허다하다. 그래서 그 단체에 봉사한다는 맘이 앞서지 않으면 이사 연임의 매력을 찾기 힘들다. 비상근 이사의 임기가 끝나갈 때마다 이사회에서 재임하여 줄 것을 간정해도 대부분의 비상근 이사들은 한사코 사양하는 경우가 많다. 그런 경우에 규정된 법 조항은 후임자를 조속히 선임하여 보충하도록 규정하고 있다.

춘래불사춘(春來不似春)이라고 불리는 3월 초순인데도 마치 겨울인양 제법 쌀쌀한 어느 날이었다. 어느 대학의 현직 교수로 있는 분이 내가 봉사하고 있는 비영리법인의 이사로 영입되어서 회의에 처음으로 참석하였다. 회의를 마치자 바쁜 몇몇 이사들은 먼저 가고, 공교롭게도 나와 연배가 비슷한 몇 분이 저녁식사를 하고 헤어지기로 했다. 그런데 어떤 분이 목이 마르다며 맥주를 주문한다. 나는 원래 술이 약하지만 목도 마르고 차를 운전해야 하는 걱정도 없던 터라 한 잔 마셨더니, 아니나 다를까 금새 얼굴이 달아오른다. 그 모습을 보고 오늘 회의에 처음 나온 박 이사님이 조심스레 말을 붙인다.

"정 이사님이라 그랬나요? 혈색이 좋아 보입니다."

"아, 네. 제가 술에 워낙 약해서 그렇습니다. 점심 때 마셨다가 꽤나 술을 마신 것으로 오해받은 적도 있어 낮에는 마시지 않습니다만, 오늘 같은 저녁에는 조금 마시기도 하지요. 술 못 마시는 허물이 제 탓이라기보다는, 부모님으로부터 물려받은 유전자 탓이거니 하고 말지요. 사실 아버님은 두주불사이신데, 어머님께서는 술 냄새만 맡아도 취한다고 할 정도였으니 저는 어머님 유전자를 받은 모양입니다."

"아! 보기하곤 다르군요. 술 좀 할 것 같은데요."

"그런 소리 지금까지 많이 들었지요."

"우리가 젊었을 땐 술만 잘 마셔도 남자답다고 가산점을 받던 사회분위기여서, 술 못 마시면 괜히 주눅 들기도 했지요. 요새는 술 문화도 선진화 된 것 같습니다. 더구나 술 안 마시면 돈 절약되고 건강에도 좋고 부인도 좋아하니 일석삼조죠."

"박 이사님은 술도 안 마시는 것 같은데, 술 못 마시는 사람을 어떻게 그리 잘 아세요?"

"저는 정 이사님과는 반대지요. 젊었을 때는 술 좀 했습니다. 그런데 언젠가 크게 실수한 뒤로는 술을 마시지 않기로 맹세했고, 그 이후로는 아직 술을 마시지 않습니다. 벌써 30년도 더 지난 옛날 이야기입니다."

"어떤 실수인데요?"

"그건 오늘 이 자리에서 말씀드리기는 그렇고요. 언젠가는 알게 되겠지요."

초면에 더 이상 묻는 것도 실례인 것 같아 화제를 돌렸다. 그날 저녁 박 이사는 술도 마시지 않으면서도, 제법 이런저런 얘기를 많이 했다.

저녁식사만 간단하게 하고 헤어지기로 하고 시작했지만, 술도 몇 잔씩 마셨고 이야기꺼리도 많아 어느새 시간이 꽤나 흘렀다. 누군가가 '이제, 일어나지요' 하니 모두가 기다렸다는 듯이 일어선다.

"정 이사님은 혼자 술 다 마신 것 같네요. 댁의 방향이 어디시죠?"

"강남입니다만…"

"그럼 저와 같은 방향이네요. 제 차로 같이 가시지요?"

"아닙니다. 술도 깨고 걷기 운동도 할 겸 지하철로 가겠습니다."

"제가 가는 방향인데요, 타시지요."

박 이사는 나에게 자꾸 권한다.

"아닙니다. 전 지하철로 가는 게 좋습니다."

이렇게 말하고 돌아서는데, 또 다른 이사님이 거든다.

"박 이사님이 방향도 같아 같이 가자고 하니, 서로 얘기도 나누면서 같이 가는 게 좋을 것 같습니다."

그러면서 내 몸을 박 이사의 차 안으로 밀어 넣는다. 결국 박 이사의 차 앞자리에 저절로 앉게 되었다.

"아파트는 강남 어디시죠?"

"한티역에서 내리면 됩니다."

"한티역…? 알겠습니다."

그리곤 몇 마디 더 대화가 오고간 후 나는 깜빡 잠이 들었다. 내가 사는 곳인 '한티역'은 왕십리에서 출발하여 수원까지 오가는 분당선 지하철 역중의 하나이다. 왕십리역에서 출발하여 한강을 가로질러 남쪽으로 달리면 6번째 역이 한티역이다. 몇 년 전 한티역 근처로 이사 왔을 때 '역 이름이 특이하다'라고 생각하면서도, 나는 금방 감이 왔다. 고향에 가면 행정상의 이름으로는 대곡(大谷)이라고 하지만, 지금도 어릴 적 부르던 한실이라는 이름을 부르고 있기 때문이다. 그래서 대치동에 자리잡은 한티역이라는 역 이름도 대치(大峙)라는 한자말에 대응하는 우리말임을 금방 유추할 수 있었다. 나중에 한티역에 대한 뜻을 알아보니 내 추측은 맞아, 휘문고등학교 아래 양지바른 곳에도 한티마을이 있었다고 한다.

차 속에서 한참 꿈속을 헤매고 있는데, 박 이사님이 나를 깨우는 소리가 들렸다.

"정 이사님, 한티역에 다 왔습니다."

순간 나는 부스스 눈을 떴다.

"아, 벌써 한티역이라고요? 제가 깜빡 졸았습니다. 미안하고요, 태워 주셔서 감사합니다. 그럼 다음에 뵙겠습니다."

그렇게 말하고 차에서 내렸다. 그런데 이게 어찌된 일인가? 아무리 봐도 눈에 익숙한 '한티역'은 아니었다. 자세히 보니 지하철 3호선 '대치역'이었다. 3호선 대치역과 분당선 한티역은 같은 대치동이지만, 1.5키로나 떨어져 있어서 제법 먼 곳이다.

한티역 사거리의 행정 동내 이름을 보면 네 모퉁이 중에서 두 곳이 대치동이고, 나머지는 각각 도곡동과 역삼동이다. 그런데 지하철 3호선에 이미 대치역과 도곡역이 있었고, 2호선에 역삼역이 있었기 때문에 행정 이름만을 따서 역 이름을 정하면 혼선이 생기니까 대치동을 뜻하는 한티역으로 지었다고 한다. 그러므로 한티역에서 말하는 '한'은 크다는 뜻을 나타내고 '티'는 고개를 뜻한다. 널리 알려져 있는 것처럼, 충남에 있는 대전(大田)이라는 도시 이름도 본래 한밭이라는 옛 이름을 한자로 바꾸어서 지은 것인데, 한티는 그 반대로 옛 이름을 되살려 지은 것이다.

이 추운 밤에 집까지 어떻게 가지? 걷기에는 다소 멀고, 지하철과 버스를 이용하자니 번잡하여 결국 택시를 타면서 박 이사의 말을 다시 한 번 생각해 보았다. 박 이사는 분명히 한티역이라고 말하면서 나를 대치역에 내려주었다. 왜 그렇게 말했을까? 아마도 한티역이 따로 있는 줄 모르는 박 이사가 내가 말한 한티역을 대치역으로 혼자 지레짐작하고 그렇게 말한 건 아닐까?

술을 한 잔도 안 마신 분이니 밤이라고 해서 대치역을 한티역으로 착각해서 내려주었을 리는 없고, 그렇다면 지하철 분당선에 '한티역' 이 있는 줄 모르고 있다가, 내가 '한티역' 이라고 말한 것을 대치역을 뜻하는 것으로 오해했나보다. 내가 한티역이라고 말했을 때, 그저 농담으로 대치역을 한티역으로 말하는 것인 줄 알았나보다. 만약 내가 한티역이라고 말했을 때, 박 이사가 마음 속으로 '나도 그 정도는 알아!' 라며 더 이상 묻지 않고 대치역으로 생각하고 나를 내려줬다면 이는 '배운 이의 어리석음' 일 수도 있겠다 싶다.

(2015. 1.) ♣

칼출근 칼퇴근 유감

저녁 7시 무렵이었다. 모르는 전화번호가 핸드폰에 뜬다. 받을까 말까 망설이다가 '모르는 전화를 받았다가 금전 피해를 봤다'는 친구 이야기가 생각나서 받지 않았다. 신호가 멈추고 난 뒤 같은 번호로 전화를 받으라는 문자 메시지가 들어왔다. 잘 알고 있는 친구인 재경이가 보낸 문자였다.

"재경이다. 왜 전화 안 받니? 핸드폰을 잃어버려서 우리 어머니 핸드폰으로 전화한 거야."

"그랬구나! 미안하다. 모르는 전화번호라서 안 받았지! 그런데 왜?"

"왜라니? 내일 우리 용인에 있는 P회사에 컨설팅 가기로 돼 있잖아."

"아, 참! 그렇지."

"그렇지가 뭐야. 내 핸드폰에 내일 만날 회사대표와 관계자들에 전화번호가 입력되어 있단 말이야! 핸드폰을 못 찾으면 어떡하지?"

그렇게 말하는 친구의 목소리에는 근심이 가득 묻어났다.

"그래? 듣고 보니 보통 문제가 아니네…"

영광이를 팀장으로 하여 우리는 내일 오전에 컨설팅을 할 회사를 방문하기로 오래전에 약속이 되어 있었다. 그 첫날이 바로 내일인데 비즈니스 하는 사람들의 정보가 저장되어있는 핸드폰을 잃어버렸다는 것은 보통 일이 아니었다.

언젠가 나도 핸드폰을 잘못 조작하는 바람에 순식간에 데이터가 사라져서 이를 복구시키느라고 여러 곳을 수소문한 끝에 비싼 대가를 치루고 일주일 만에 겨우 원상회복을 시킨 적이 있었다. 그 일주일 동안에 나는 전화를 하고 싶어도 할 수도 없었고, 걸려오는 전화도 누가 전화했는지를 몰라 실례를 하게 될 땐 당혹감을 넘어서서 거의 멘붕 상태였던 경험이 있었다.

"너무 걱정하지 말아. 요즘 남의 핸드폰을 누가 가져 갈까봐? 내일이면 연락이 올 거야. 그런데 어디서 분실했는데?"

'걱정하지 말라' 고 말은 했지만, 걱정이 안 될 수가 없었다. 친구는 코칭 전문가인데도 더 깊은 배움을 위해 간혹 선택해 필요한 강좌를 듣는 모양인데, 오늘 오후 동작동 국립현충원으로 갔다고 했다. 그곳에서 다른 수강생들과 함께 묘비 사이를 산책하며 언젠가 본인이 죽으면 본인의 묘비에는 무슨 글귀로 쓰이고 싶은지에 대하여 고민하는 시간을 가졌다고 했다. 그러다가 5시 반쯤 수업을 끝내고 집으로 가려는데, 핸드폰이 보이지 않아서 그 때부터 찾기 시작했다는 것이다.

친구는 그 때까지 걸었던 동선을 되짚어 가며 샅샅이 찾아보았으나 결국 날이 어두워질 때까지도 찾지 못했다고 한다. 그래서 그 날 동행한 사람들에게 혹시 핸드폰 문의가 오면 연락해줄 것을 부탁하고, 내일 약속 때문에 나에게도 어머니 핸드폰으로 연락을 한 것이었다. 물론 분실 신고도 하고, 금융거래도 정지시키는 등 여러 조치도 취했단다. 그런데 자기 핸드폰으로 전화를 하면 다행히 신호는 잘 가고 있다는 것이다. 그렇다면 어딘가에 떨어져 있을 테고,

다음 날 동트기 전 찾으면 되니, 미안하지만 새벽에 국립현충원에서 보자는 것이다. 그리고 핸드폰을 찾아 용인으로 떠나면 좋겠다는 것이다.

우리가 영화배우라서 영화를 촬영하는 것도 아니고 그렇다고 만나는 곳이 분위기 있는 사무실도 아닌 야외 묘지에서 꼭두새벽에 만나자니 갑자기 귀신 영화가 그려지면서 으스스한 느낌이 올라오는 것이 아닌가? 그렇다고 내일 컨설팅 미팅을 펑크낼 수도 없는 사면초가의 형국이 되어가고 있었다.

결국 약속대로 다음 날 이른 새벽에 동작동 국립현충원에서 우리는 만났다. 친구는 핸드폰을 못 찾으면 어쩌나 하는 걱정으로 밤새 잠도 제대로 자지 못한 얼굴이다. 이런 재경이의 심정과는 대조적으로 동작동 국립묘지의 새벽은 어제 밤 내가 걱정한 상상의 분위기와는 정 반대였다. 영혼의 안식처답게 엷게 깔린 안개와 함께 아늑한 모습에, 새벽부터 약수를 받으러 오거나 가벼운 걷기운동을 하려고 온 사람들이 꽤나 되었다. 이름 모를 새들의 지절거림과 새벽산책 나온 부지런한 시민들의 낮은 속삭임도 정겹게 들렸다. 우리는 어제 코칭수업을 했던 곳으로 가서, 떠오르는 아침 해를 등에 업고 핸드폰을 찾기 시작했다. 진동모드로 해 두었다고 하기에 혹시 전화를 걸면 떨리는 진동에 빨리 찾을 수 있을까 귀를 기울이기도 했다. 그러나 1시간이 넘도록 모든 노력을 들였지만 허사였다.

결국 우리는 위치추적을 요청하기로 했다. 위치추적의 악용과 폐해를 걱정해서인지 관계자로부터 매우 까다로운 신원확인과 절차를 거쳐 겨우 알아냈다.

"동작 지하차도에서 반경 170미터입니다."

재경이는 그 소리를 듣자, 그럴 리가 없다며 믿지 못하겠다는 것이다. 어제 국립묘지에서 걸어다닌 동선과 핸드폰 분실시점 등을 꼼꼼하게 되짚어보면서 "그럴 리가 없는데…" 라며 이해가 되지 않는다는 것이다.

시간은 어느 새 아침 9시가 다 되어있었다. 무려 2시간 가까이 애를 썼지만 헛고생만 한 것이다. 재경이의 얼굴엔 실망이 역력했다. 하지만 이렇게 계속 시간을 끌다간 오늘 약속도 무산될 것 같아 내가 조심스레 말을 꺼냈다.

"재경아! 할 수 없다. 핸드폰은 나중에 찾기로 하고, 우선 용인으로 출발하자! P회사와의 약속시간을 어기면 예의가 아니잖니?"

"그래, 그렇게 하자."

마지못해 대답하는 친구가 안쓰러워 보였다. 바로 그 때였다. 재경이 어머님의 전화벨이 요란스럽게 그 넓은 국립현충원의 적막을 깬다. 어제 함께 강의에 동참한 일행 중 한 사람이었다. 재경이의 핸드폰을 국립묘지 관리사무소에서 보관하고 있으니 빨리 가보라는 것이었다. 우리가 서성이고 있는 곳에서 멀지 않는 곳이었다. 재경이는 방금 전까지만 해도 어두운 얼굴에 울 것만 같았는데, 순간 안도의 한숨과 함께 금새 얼굴에 기대감이 돌았다.

관리사무소의 문을 열고 들어서니, 관계자 중 한 명은 신문을 보고 또 한 명은 커피를 마시고 있는데 누가 들어왔는지조차 관심이 없는 듯한 보통 보기드믄 분위기였다.

"혹시 분실된 핸드폰을 보관하시고 계신 게 있나 해서 확인하러 왔습니다."

"아, 핸드폰 말입니까? 여기 하나 있는데…"

약간 퉁명스러운 목소리다.

"아! 이거 제 것이 맞네요! 고맙습니다. 감사합니다."

친구는 반가운 맘에 약간은 횡설수설이다.

"선생님, 이 핸드폰은 언제부터 보관하셨나요?"

"어제 퇴근 무렵, 그러니까 6시 전후쯤인 것 같은데…. 청소 아주머니가 화장실에서 습득했다며 우리에게 보관을 부탁하던데요?"

너무나 사무적인 어투다. 순간 고마움이 사라진다. 어제부터 오늘 아침까지 우리가 그렇게도 신호를 보냈건만 아무런 반응도 없었던 것이 은근히 화가 났다.

"선생님, 핸드폰을 찾게 되어 감사합니다만, 습득하자마자 바로 연락을 주었더라면 더 좋았을텐데요. 사실 우리가 핸드폰을 찾느라고 밤새 한숨도 못 자고 어제는 물론 새벽부터 지금까지 마음 졸이며 위치추적까지 했거던요."

"그래요? 전화를 안 하셨잖습니까?"

"우리가 어제부터 얼마나 전화를 했는데요…"

"아! 그러면 우리가 퇴근한 6시 이후에 했군요."

"아침에도 새벽부터 얼마나 했다고요."

"아, 우리 출근이 9시예요. 그 전에 하면 우리는 모르죠."

어쨌든 다시 핸드폰을 찾게 되어 정말 다행이었다. 그리고 밤새 잘 보관하여 돌려준 것도 정말 고마운 일이다. 그러나 한편으론 아쉽다.

"다른 여러 관공서에서는 우리나라 공무원들이 이전에 비하면 놀랍도록 친절해졌는데…. 그런데 여기는 변화가 보이지 않네."

그렇다. 언제나 예외는 있는 법이다.

"칼 출근 칼 퇴근이란 게 바로 저런 걸 말하는 것이구나!"

가슴 한 구석에는 석연치 않은 '화' 비슷한 뭔가가 꿈틀거렸다.

(2017. 5.) ♣

5월을 보내며

몸이 찌뿌듯한 날이면 가벼운 배낭을 메고 동네 뒤 매봉산으로 향하는 것이 버릇이 되었다. 정상까지 천천히 걸었다 오는데도 1시간이면 족하다. 배낭이라고 하지만, 그 속에는 생수 1병과 땀수건 그리고 읽을거리 신문 등이 전부다. 가는 시간과 계절은 따로 없다. 상쾌한 공기를 마시면서 가는 새벽 운동도 좋고, 따사한 햇살을 받으며 한가롭게 가는 오후의 산책도 나름 좋다. 계절은 어떤가? 찬바람이 불고 잔설에 미끄러지지 않으려고 조심조심 발걸음을 옮기는 겨울 산책길도 낭만이 있고, 얼마 걷지 않았는데도 땀으로 몸이 범벅이 돼 집에 와서 시원하게 샤워를 하고 먹는 수박맛이 제격인 여름 산행도 좋다. 또 가을 산행은 말할 필요가 없다. 단풍이 물들어가는 산을 보는 것만으로도 넉넉한 산행이 된다.

그러나 산행하기 좋고 나쁨을 꼽으라면 계절의 여왕 5월이다. 5월이 되면 산은 온통 초록으로 물든다. 푸른 하늘에 초록의 산을 보고 있노라면 형언할 수 없는 기쁨과 희망의 엔돌핀을 느끼면서 혼자라도 산 속을 걷고 싶은 유혹에 빠지기 일쑤다. 신록의 향기는 우리 몸 속으로 들어와 아무리 감정이 둔하고 아무리 일상이 바빠도 5월이 있음을 느끼게 한다. 그 중에서 60년대에 사방공사용으로 씨를 뿌려 우리나라 금수강산을 가시밭으로 만들어 국토를

망가트렸다고 원망을 들은 아카시아의 향기는 단연 으뜸이다. 바람이 불 때 하얀 꽃에서 뿜어나오는 향기에 등산객은 취하고, 농가들은 아카시아 벌꿀로 소득 증대에도 기여했다. 그런데 이제 수명 30여년을 다하고 어느새 그 자리엔 참나무 등이 주민등록을 옮겨온 데가 많다.

산을 향하여 걷다보면 문득 고교 시절에 읽었던 이양하 님의 '신록예찬' 한 단락이 떠오른다.

'눈을 들어 하늘을 우러러보고 먼 산을 바라보라. 어린애의 웃음같이 깨끗하고 명랑한 5월의 하늘, 나날이 푸르러 가는 이 산 저 산, 나날이 새로운 경이를 가져오는 이 언덕 저 언덕, 그리고 하늘을 달리고 녹음을 스쳐 오는 맑고 향기로운 바람…'

그렇다. 이양하 님처럼 5월을 이토록 잘 표현한 글이 또 있었던가? 눈을 들어 하늘을 본 지가 얼마나 될까? 이제 잠시나마 짬을 내서 고개를 들고 하늘을 보자. 말간 하늘에 하얀 구름 한 점을 봐라. 그리고 산으로 가 봐라. 산은 꼭 멀리 가야 하는 것은 아니다. 서울의 명산인 북한산, 도봉산, 수락산, 검단산, 청계산 또는 관악산을 가야 되는 것만은 아니다. 동네에 비록 작은 동산이라도 산소를 공급하며 허파같은 역할을 한다.

푸른 숲을 이루는 수종은 다양하다. 소나무를 위시하여 아카시아나무, 산딸기나무, 산벚나무, 잣나무, 은행나무, 갈참나무, 리기다소나무, 해송, 노간주나무, 신갈나무, 팥배나무, 떡갈나무, 오리나무, 때죽나무, 상수리나무, 목련 등이 더 많은 햇볕을 받기 위하여 하늘을 향하여 팔을 벌리고 있다. 봉생마중 불부자직(蓬生麻中 不扶自直)이라 하지 않았던가? 쑥은 원래 옆으로 퍼져 자라는 식물인데도, 삼밭에서 자라면 살기 위하여 알아서 곧게 자란다는 뜻이다. 그 여러 수중 잎 사이로 아침 햇살이 연두빛 나뭇잎들은 비추면 잎들은 더 맑은 연두빛으로 선명해진다.

녹색의 향연은 나무 잎만으로 끝나지 않는다. 5월이 되면 하얀 목련과 노란 개나리 꽃들은 어디로 갔는지, 아니 눈이 부시도록 화려한 빨강 진달래, 철쭉, 연산홍의 자태는 어디로 사라졌는지 모를 정도로 녹색의 향연을 베풀고 있다. 그 녹색의 산림 속에 간간히 밝은 햇빛이 비친다. 녹색의 터널 속을 비추고 있는 희망의 빛이다. 아마 민족시인 윤동주는 일제 치하의 피폐하고 무기력한 삶 앞에서도 양심을 잃지 않기 위해 불멸의 노래를 부르지 않았을까?

'죽는 날까지 하늘을 우러러 / 한 점 부끄럼이 없기를 / 잎새에 이는 바람에도 나는 괴로워했다 / …'

그가 서시(序詩)를 쓴 달은 언제일까? 5월이 아니었을까? 아니면 '별 헤는 밤' 이라는 시를 5월에 썼을까?

'어머님, 나는 별 하나에 아름다운 말 한마디씩 불러 봅니다. 소학교 때 책상을 같이 했던 아이들의 이름과, 패, 경, 옥, 이런 이국 소녀들의 이름과 …… 비둘기, 강아지, 토끼, 노새, 노루, 프랑시스 잠, 라이너 마리아 릴케' 이런 시인의 이름을 불러봅니다 …'

나도 한 걸음씩 발을 내딛으며 길가에서 묵묵히 자라고 있는 풀과 꽃 이름들을 하나씩 불러본다. "맥문동, 애기똥풀, 속새, 억새, 고사리, 고사리 똥, 뱀딸기, 민들래, 제비꽃 …" 그 때 길 옆에서 푸득득하며 꿩이 놀라 하늘로 날아간다. '저 꿩은 공중에서 더 싱그러운 5월의 신록을 볼 수 있으니 좋겠다. 그래 그냥 5월은 이렇게 멈춰 있으면 좋으련만….'

나의 상념은 어느새 피천득님의 '오월' 이라는 시로 연결되어 간다.

'내 나이를 세어 무엇하리. 나는 오월 속에 있다. / 연한 초록은 나날이 번져가고 있다. / …………… / 유월이 되면 성숙한 여인같이 녹음이 우거지리라 / 그리고 태양은 정열을 퍼붓기 시작할 것이다. / 밝고 맑고 순결한 오월은 지금 가고 있다.'

나도 모르는 사이에 가는 5월이 무척 아쉬운 모양이다. 간간이 불어오는 봄바람을 맞으며 오솔길을 산책하노라면 잠시나마 일상의 근심까지 잊게 해준다. 어느새 내 발걸음은 산 정상을 밟고 있다. 오르면 내려가야 하는 것이 삶이듯이 나는 가벼운 바람을 안고 발은 집으로 향한다. 이마에 굵은 땀방울 하나가 떨어진다. 어디서부터 따라왔는지 까치 한 마리가 반갑다고, 그리고 가능하면 내일도 꼭 오라는 듯이 목이 터져라 노래 부른다.

(2017. 6.) ♣

책장 정리

대학 동창이자 모교에서 경제사(經濟史)를 가르치고 있는 홍성찬 학장으로부터 연락이 왔다. 곧 연말도 다가오고 종강도 될 터이니 그 전에 시간을 내 얼굴이라도 보면서 얘기도 하자는 것이다. 6개월 전쯤 나한테 빌려간 자료도 반환해야 하겠다고 덧붙인다. 이전에도 몇 번 연락이 왔으나 다른 일이 있어서 만나지 못했는데, 이번에는 다행히 시간적 여유가 있어 내가 학장실로 가겠다고 하니 교수 연구실에서 보잔다. 평소 우러나는 겸손의 발로이다.

친구는 화를 내는 법도 없고, 누구의 흉도 보지 않는 온화한 성품이다. 그렇다고 물에 물탄 듯 술에 술탄 듯 계산이 흐리거나 의사표시가 불분명하지도 않다. 대화를 할 때는 주로 남의 얘기를 경청하는 편이다. 그뿐이랴. 연구 실적도 뛰어나다는 얘기가 종종 들릴 땐 나도 덩달아 으쓱해지는 자랑스러운 친구이자 존경하는 교수이다.

"똑 똑 똑"

"누구세요? 문이 열려 있습니다. 들어오세요."

나는 문을 열고 연구실로 들어섰다. 그런데 이 무슨 광경인가? 친구는 창 쪽 책상에 앉아 있는지 머리카락만 보이고, 대신 책 더미가 내 앞을 가로막는다. 연구실 좌우 벽의 책장은 물론이고 중앙

테이블 위에도 책이며 자료들이 내 키 보다 훨씬 높게 쌓여 있다. 그것도 이중 삼중으로 포개져 있다. 발 디딜 틈도 없어 보인다. 나는 몸을 옆으로 돌려 겨우 홍교수가 앉아 있는 책상 쪽으로 갔다.

"홍 교수, 이렇게 연구실에서 보니 느낌이 다르네. 전공하는 분야가 경제에다 역사이니 자료가 많겠구나! 그런데 이 많은 자료를 언제 연구해?"

"연구는 무슨 연구? 갈 때가 없어 그냥 연구실에 앉아 있는 거야."

"그리고 이 많은 자료를 이렇게 쌓아두면 필요한 것은 어떻게 찾아? 그래, 찾는 건 네가 둔 것이니 그렇다 치고, 화재라도 나면 어쩌려고 정리를 안 해?"

"담배는 안 피우니까 화재는 걱정 없다만, 간혹 자료를 찾느라고 헤맬 때도 있긴 해. 그런데 네가 보기엔 불안해 보이지만, 나로선 크게 불편하지 않아. 현재까지 내가 터득한 최선의 방법이라고도 할 수 있지. 하하하……"

"그래? 그렇다면 다행이네. 어쨌든 난 네 연구실이 특별한 것 같다."

자리를 옮겨 저녁을 먹으면서 여러 가지 얘기를 나누었지만, 내 머리 속엔 홍교수의 어지러운 연구실이 자꾸만 어른거렸다.

홍 교수와 헤어져 집에 오자마자 나는 제일 먼저 내 서재로 향했다. 나는 천성이 깔끔하지는 못해도 군대에 있으면서 체득한 정리정돈 습관 탓인지 언뜻 보면 그런대로 책장이 정리된 것처럼 보인다. 물론 홍교수의 연구실에 비교하면 양호하긴하다. 그러나 방이 크지 않는데다 책장에 비하여 책이 많다보니 너저분하고 장르별로 정렬되지 않고 뒤죽박죽이다. 더구나 최근 다른 사무실에서 옮겨온 책과 자료 중 일부는 아직 책장에 자리를 잡지 못하고 한 쪽에 방치

되어 있다. 그냥 책장 빈자리에 꼽다보니 장르가 다른 책들이 여러 곳에 뒤섞여있어 책을 찾다가 못 찾는 경우도 있다.

"타산지석이란 말도 있다. 이 해가 가기 전에 책장의 책만이라도 정리해 보자. 시작이 반이라고 하니, 그러면 정리되는 거지 뭐"

이렇게 시작한 책 정리가 간단하지 않다. 왜냐하면 책장 공간을 넘는 책은 무조건 버려야 하는데 어떤 책을 버려야 할 지 몹시 고민스러운 것이다.

대학 시절 배웠던 밑줄 처진 교과서며 필기 노트를 박스에 넣고는 십여 차례가 넘는 이사에도 불구하고, 낑낑거리며 늘 갖고 다녔다. 그러다가 언젠가 이사 때 "이제는 제발 버려!" 라는 아내의 강권에 버리고 말았더니, 채 6개월도 안 되어 도서관에서 사료로 하겠다며 찾는 것이 아닌가? 박스를 열어 본 적은 없었지만, 조금만 더 붙잡아 줄 것을 그랬다고 후회한 적이 있다.

그런 일이 있은 후 책이니 자료를 버리는 데 주저하게 된다. 하지만 이번 책장 정리는 강제라도 정리해야 할 입장이 된 것이다. 우선 책장의 용량에 맞는 분량만 남기고 버린 후, 2차로 장르별로 구분하기로 했다. 손때 묻은 옛날 책들을 버리려고 했다가 미련이 생겨 다시 책장에 꽂기도 하고, 꽂았던 책을 다시 버리기도 하니, 책이 줄어들지 않는다.

"안 되겠다. 그래 눈 감고 버리자. 아깝지만 일단 버려놓고 보자."

이렇게 하니, 드디어 책장에는 숨 쉴 공간이 좀 나타나기 시작했다. 그리고 이정도 책장 정리야 하루 정도면 다 할 수 있으리라 예상했었는데, 막상 시작하고 보니 3일째가 되어서야 겨우 마무리할 수 있었다. 허리를 폈다 구부렸다 하면서 정리하고, 걸레질을 마치고 나니 대충 정리한 것 같아 보인다. 마음이 상쾌해진다. 아픈

허리를 짚으며 드디어 긴 안도의 한숨을 쉬어본다. 책장이야 말로 오랜만에 새해맞이를 한 셈이다. 오늘 따라 창으로 들어오는 햇살이 따사롭게 느껴진다. 믹스커피 잔의 온기를 촉감으로 느끼며 코끝으로는 커피향을 맡는데, 눈은 지긋이 책장을 바라보고 있다.

(2015. 11.) ♣

두렵고도 어려운 평가

학교를 졸업 후 사회생활을 처음으로 시작할 땐 누구나 부푼 기대 속에 열정적으로 일을 한다. 사회 초년생이라 기존조직에 동화되기도 힘들고, 바삐 일하면서 선배들의 눈치를 보다보면 지루할 새가 없다. 그러나 그런 힘든 시기를 그럭저럭 넘기고 5년이나 10년쯤 지나면 소수를 제외하고는 업무를 따분해한다.

대학 강의도 마찬가지나. 해외유학을 마치고 갓 부임한 젊은 교수는 의욕이 넘쳐흐른다. 강의는 물론이고 연구도 왕성하며 학생지도에도 관심이 많다. 하지만 경력이 쌓이고 정교수가 되면 차츰 열정이 식다가, 정년을 앞두게 되면 강의자체를 힘들고 따분해 한다. 그래서일까. 교수의 연령과 강의와의 관련성에 관한 유머가 대학사회에 회자되고도 있다. 갓 교단에 선 30대 교수는 열정이 지나쳐 채 소화하지도 못한 어려운 문제나 이론을 학생들에게 강요하는 경향이 있다. 교단 경험이 어느 정도 축적된 40대의 교수는 중요한 내용만 가르친다. 반면에 50대 교수는 교수로서 책임질 수 있는 내용만 가르치려 한다는 것이다. 그렇다면 60대의 교수는 어떨까? 난이도, 중요성과 책임여부를 떠나 생각나는 대로 가르친다는 것이다.

그동안 주로 대학 행정을 하면서 틈틈이 강의를 하긴 하였지만,

환갑이 지난 늦깎이에 강의를 본격적으로 시작한 나로서는 기존 교수들과는 입장이 다르다. 나는 매 시간 강의 준비에 바쁘기도 하지만, 강의 자체가 좋아 지루할 새가 없다. 마음으로는 새 학기가 시작된 지 엊그제 같은데, 실제는 한 학기가 끝나가는 경우가 많다. 기말시험을 치고 학점을 부여하고 전산망에 올리면 나의 학사업무는 종결된다.

나이든 교수일수록 힘들어 하는 것은 강의 자체보다도 시험 답안지 채점이다. 그러다보니 대부분 조교로 하여금 채점을 하게 하는 것 같다. 조교가 없는 나의 경우에는 직접 학생들의 답안지를 채점하다 보면 그 심정이 이해된다. 어쨌든 이번 학기에도 기분 좋은 강의였다고 스스로 자평해 본다.

과거 경험에 의하면 한두 명의 학생으로부터 성적에 대하여 이의 제기를 받곤 하였다. 이번 학기에는 제발 그런 전화가 없었으면 하는데, 아니나 다를까 열람 마감일에 한 여학생으로부터 전화가 걸려왔다.

"정병수 교수님이시죠?"

"예. 맞습니다만, 누구신지요?"

"안녕하세요. 교수님의 회계학 강의를 들었던 경영학과 김예림입니다."

"아, 그래요? 이름이 기억나는구먼. 그래 방학은 잘 지내고 있고?"

"아! 네! 교수님께서 말씀하신 것처럼 방학 때 친구들과 해외여행을 계획하고 있습니다. 그런데 제 성적을 봤더니 생각했던 것보다 너무 낮은 것 같아 전화 드렸습니다. 물론 교수님께서 공정하게 채점 하였으리라 믿습니다만, 열정적으로 강의해 주시는 교수님께 자극받아 결석도 안 하고, 열심히 공부 했거든요. 물론 레포트도

다 제출했는데 B+이더라고요..”

“잠깐 기다려봐. 내가 성적을 확인 좀 해보자.”

나는 출석부와 성적평가표를 펼쳤다. 시험은 중간고사와 기말고사 외에 중간에 퀴즈라는 이름으로 두 번의 시험을 추가하여 총 4회의 시험을 보게 했다. 거기에 출석점수와 과제물 점수도 고려하며, 특별히 좋은 질문이 있거나, 토론이 논리적이면 추가점수를 부여한다. 이런 내용들이 출석부에 꼼꼼히 메모되어 있다. 사진도 첨부되어 있어 어느 학생인지를 금방 알 수 있다.

“학생! 결석을 한 번도 안 했다고 말했는데 5월 첫째 주일에 결석을 한 번 했고, 기말 점수가 68점으로 안 좋네. 그런데도 B+정도면 괜찮은 것 아닌가? 문제가 없다고 보는데…”

“교수님 다 맞는데요. 제가 장학금도 받아야 하고요. 특히 다른 과목에 비하여 회계학 수업은 정말 열심히 들었거든요. 학점을 조정해 주실 수 없으신가요?”

“학생 이야기를 들어보면 딱하지만, 학생도 알다시피 성적이 상대평가라서 조정하면 다른 학생이 피해를 입지 않겠나? 나로선 공정하게 처리했다고 생각하네. 자 그러니, 학점 이야기는 그만하고 방학을 의미 있게 보내도록 계획하는 것이 좋겠네. 그럼 전화를…”

전화를 끊으려고 하는데, 전화기 너머로 학생의 간절한 목소리가 들린다.

“교수님, 제발 부탁드립니다.”

못 들은 척 하고 전화를 끊었지만 마음이 편치 않다. 언젠가 졸업을 앞둔 학생이 내 학점 때문에 졸업을 할 수 없게 되었다고 울며 호소하는 바람에 괴로운 적이 있었다. 그 학생은 학칙상 아마 그때에 졸업을 못했을 가능성이 높다. 지금 사회생활 하면서 나를 융통성이 없는 교수라고 기억하고 있을지도 모르겠다. 그러나 이 정도는 약과다. 직접 경험한 것은 아니지만 어떤 학부모가 자기 자녀의 학점이 나쁜 것에 대하여 교수에게 항의했다는 소리를 들었을 땐 세월의 무상함을 실감하게 한다.

사람이 사람을 평가한다고 하는 것은 예나 지금이나 어려운 일이다. 그것은 학점 뿐 만 아니다. 평가라고 하는 성격 자체가 그렇다. 경영학의 대가인 피트 드러커 교수는 '사람은 평가받는 대로 움직인다'라고 하면서, 평가의 중요성을 강조하고 있다. 그러나 어떻게 하는 것이 진정한 평가인지 매 학기말이 다가올 때마다 자문해 보게 된다. 장난삼아 던진 돌멩이에 개구리는 맞아 죽을 수 있듯이, 학점이 한 학생의 인생에 치명적인 영향을 줄 수 있다고 생각하니 두렵기도 하다. 젊었을 땐 옳고 그름을 쉽게 결정하였지만, 나이가 들수록 학점 부여 하나에도 신경이 쓰인다. 남을 평가한다는 것이 이제 두려움마저 생기는 것은 단순한 나이 탓만은 아닐 것이다.

(2016. 7.) ♣

문예창작교실 엿보기

"안녕하세요? 자! 다들 참석하신 것 같으니 수업을 시작할까요? 그러면 정 선생이 오랜만에 글을 가져왔으므로 먼저 하는 게 좋겠네요. '뜻밖의 만남' 이란 글을 본인이 직접 읽어 보시죠."

나는 헛기침을 한 후 최대한 목소리를 가다듬어 읽기 시작한다. 분위기는 마치 고등학교 국어시간 마냥 조용하다. 모두가 경청한다. 비록 삼사 분 밖에 안 되는 짧은 수필이지만, 읽다보면 숨겨둔 내 삶의 비밀 하나를 공개하는 듯하여 쑥스럽기만 하다. 그것도 세련된 여성 문우들 앞에서 말이다.

"자, 그러면 정 선생의 글을 듣고, 느낀 점이나 수정할 곳이 있으면 한 분씩 말씀해 보시죠."

개량 한복 차림이 어울리는 지도 교수는 총평을 하기 전에 참석한 십 여명의 회원들에게 자유로운 토의를 유도한다. 사실 정년을 맞이하고 난 뒤 자발적으로 문화센터를 찾아 처음으로 수강 등록을 하긴 한 것이 '목요문예창작교실' 이었다. 첫 날 교실에 들어갔더니 회원은 모두 여성뿐이어서, 무척 당황했던 것도 벌써 3년이 지났다. 처음으로 작품이라고 가져간 글에 대한 발표가 있던 날, 강한 악센트에다 표준말인줄 알고 쓴 어휘가 사투리이거나 맞춤법이 틀린 것을 발견할 땐 자존심이 상하여 당장 그만두고 싶기도 했었다. 이제 해를 거듭할수록 후안무치가 되어 오늘도 아무렇지도 않은 듯 능청스레 자리에 앉아 있는 배짱도 생겼다.

"첫째 쪽 10번 째 줄 '수용연대'는 무슨 뜻인가요? 혹시 오타는 아닌가요?"

예의 바른 한 회원의 질문에 나는 무척 당황스럽다. '아니, 수용연대를 모르다니!' 그런데 다시 생각하니 여성들이라 모를 수도 있겠구나 싶어 간단하게 설명을 했다. 이어 교양미 넘치는 여성 문우가 "셋째 문장과 넷째 문장을 바꾸면 더 좋지 않을까요?" 하고 말한다. 그럴 듯하다. 박학다식한 한 회원은 과감하게 그런 표현은 맞지 않다며 바꿀 것을 강권한다. 나는 전체 문장 흐름상 그 표현은 특별히 수정할 필요를 느끼지 않는다고 하자 얼굴을 찌푸린다. 이렇게 한 바탕 토론이 벌어진 다음, 지도 교수는 종합하며 정리한다. 우리 문학회의 일반적인 수업 방법이다.

"수용연대란 용어는 70년대에 군대 간 남성에겐 익숙하지만, 일반 독자 특히 여성은 모를 수도 있으므로 짧게 부연설명을 붙이는 것이 좋겠네요. 그리고 제목은 '뜻밖의 만남'보다는 '동행'이라고 하면 어떨까 합니다. 그렇게 다듬어 보면 더 좋은 글이 될 것 같습니다. 정 선생님의 글은 처음 여기 오실 때의 글과 비교하면 장족의 발전을 가져왔습니다."

이런 과정을 거쳐 '동행'이란 제목의 내 수필은 탄생되고, 소재의 주인공인 친구에게 읽어보라고 보여 주었더니 "허허허!" 웃으며, '내용도 흡족하고, 내 글이 제법'이라며 칭찬까지 한다. 터키의 시인 나짐 히크메트는 <진정한 여행>이란 시에서 '가장 훌륭한 시는 아직 쓰여 지지 않았다, 가장 아름다운 노래는 아직 불려지지 않았다. -(중략)- 어느 길로 가야할 지 더 이상 알 수 없을 때 그때가 비로소 진정한 여행의 시작이다'라고 노래했다.

그렇다. 아직 가장 훌륭한 시와 수필은 비록 지금 우리는 부족하지만 언젠가 우리를 기다리고 있을지도 모르겠다는 생각이 든다.

구슬이 서 말이라도 꿰어야 보배이듯이, 우리는 교실에서 발표한 작품들을 모아 동인지도 발간하고 있다. 우리 한티벌문학회의 《한티벌》 3호를 2015년 12월에 발간하였고, 4호는 2017년 1월에 발간했다. 3호 서문에서 우리 문학회의 당시 회장 이춘지 선생은 다음과 같이 술회하고 있다.

"수년째, 매주 목요일이면 한 자리에 모여 앉아 진솔한 삶의 이야기를 꾸밈없이 나누며 다 피우지 못한 문학에 대한 향수의 열정으로 글쓰기를 멈추지 않았습니다. 봄, 가을 학창시절 수학여행 같았던 문학기행은 얼마나 가슴 설레게 하는 여행이었나요?"

드디어 지난 1월에는 한국산림문학회로부터 산림문학상에 한경희 님이, 신인상에 김진 님과 조은경 님 등 우리 회원 문우들이 수상하는 기쁜 소식이 있었다. 회원 문우들이 상을 받을 수 있도록 한결같이 지도해주시는 김봉진 박사님께 감사드리며, 아울러 아름다운 하모니를 만들어가는 우리 한티벌문학회 문우 여러분 모두가 자랑스럽다.

혼자 가면 길이지만 다 같이 가면 역사가 된다고 한다. 우리들 자신의 역사를 위하여 그리고 우리 한티벌문학회의 역사를 위하여 벽돌 한 장 한 장 놓는 심정으로 오늘도 우리의 마음을 가다듬어 시로, 수필로 엮어본다. 언젠가는 찬란한 보석으로 빛을 발할 날이 오기를 기대하면서….

(한티벌 4호, 2017. 1.) ♣

3부 떠나지 말아야 할 여행은 없다

떠나지 말아야 할 여행은 없다

미지의 세계에 대한 호기심과 궁금함 때문에 나는 시간이 날 때마다 새로운 여행지를 찾아 마음과 발걸음을 옮긴다. 베네치아 출신인 마르코 폴로는 14세기 초 15살이 되었을 때 상인인 아버지를 따라 동양의 원 나라로 여행을 떠났다고 한다. 가는 곳마다 보는 곳마다 색다른 모습이었을 터이니 그는 얼마나 신기하고 놀라워했을까? 여행을 하다가 간혹 상상했던 것보다 아름답거나 특별할 땐 나 자신도 모르게 탄성이 나온다.

남녀노소를 불문하고 상상하는 것만으로도 즐거운 것 중의 하나가 여행이 아닌가 싶다. 국내든 해외든 장소는 문제가 되지 않지만, 사람들은 아무래도 해외여행을 더 선호하는 듯하다. 나도 예외는 아니다. 가능하면 1년에 한 두 번이라도 해외여행을 가려고 애를 쓰는데, 기간은 1주일을 넘기지는 않는다. 여행이 아무리 좋아도 1주일을 넘기게 되면 여행의 즐거움보다는 집이 그리워지고, 집에 있는 것이 더 편안하다는 경험법칙을 발견했기 때문이다. 그러다가 6개월 정도 집에 있다 보면 어느 새 '이번에는 어디로 가볼까?' 라며, 엉덩이가 들썩들썩하는 내 자신을 느끼게 된다.

2016년 1월에는 중국 흑룡강성의 성도인 하얼빈에 갔었다. 중국이 인구가 많다고는 하지만 하얼빈시의 인구만 해도 천만명이나 된다고 해서 놀랬다. 더 놀랜 것은 초대 조선통감부 통감을 지내고 일본 수상을 4번이나 한 이토 히로부미를 1909년 안중근 의사가 하얼빈에서 저격했는데, 그 때 안 의사가 단신으로 갔다는 점이다. 그가 체포 당시 러시아어로 "까레야 우라, 까레야 우라!(한국 만세)"를 외쳤다니 그저 숙연할 뿐이다. 돌아오는 비행기 안에서 그가 쓴 옥중 붓글씨 중의 '일일불독서 구중생형극(一日不讀書口中生荊棘)'이 새삼 떠올랐다. '하루라도 책을 읽지 않으면 입안에 냄새가 난다'라고 해도 될 텐데, 굳이 '입안에 가시가 돋는다'고 한 것은 그만큼 백성들이 책을 통해 많이 깨우치기를 간절히 바랐기 때문이 아닐까?

30여 년 전 이집트에 처음 갔을 때 투탕카멘의 황금 마스크, 피라미드, 룩소르 유물 앞에서 인류의 위대함을 새삼스럽게 깨달았다. 그러나 그와 동시에 수많은 노예들의 비참한 울음소리가 머리를 복잡하게 만들었던 기억도 난다. 또 브라질과 아르헨티나를 국경으로 하고 있는 이과수폭포를 봤을 때 그 감동을 지금도 잊을 수 없다. 세계 3대 폭포 중의 하나 정도로만 알고 갔는데, 너무나 웅장하고 아름다운 폭포 앞에서 넋을 잃을 정도로 감동을 받았다.

물론 이와 반대로 기대하고 갔다가 실망하는 경우도 많이 있었다. 아프리카의 최남단으로 알려진 남아프리카 공화국의 희망봉이 그랬다. 희망봉은 봉우리가 없는 바다 쪽으로 튀어 나온 곶(Cape, 串)에 불과하였고, 최남단은 그 곳에서 160키로미터나 떨어진 아굴라스곶이란 것을 현지에서 알게 되자 그저 허탈하였다.

여행길에서 역사와 문화, 생활양식의 차이를 보는 것도 여행의 묘미다. 내가 사는 곳과 비교하여 그들은 어떻게 살며, 주택이나 건물 양식의 차이는 어떠하며, 그들의 옷차림이나 시민의식은 어느 정도인지를 배우게 된다. 특히 역사적 유물을 내 눈으로 보고 싶은 마음 때문에 해외여행을 더 선호하는 것 같다. 먹는 즐거움도 여행을 떠나는 이유 중 하나 일 것이다. 일상의 음식에서 벗어나 새로운 스타일의 맛과 향을 즐길 수 있는 것만으로도 좋지 아니한가?

또한 스트레스 해소를 위해서도 여행이 좋다. 현대를 살아가는 사람들 중 적지 않은 사람들은 스트레스가 쌓일 때마다 짐을 싸서 떠나곤 한다. 이들은 주로 휴식을 취하고자 하는 여행을 다닌다. 나도 때때로 현실에서의 삶을 모두 잊고 혼자만의 시간을 갖고 힐링을 하고자 할 때 여행을 떠나곤 한다. 언젠가 가족과 같이 발리섬에서 3박 4일 동안 휴가를 간 적이 있었다. 발리 섬 사람들은 힌두교를 믿어서인지 모든 행동이 느긋하였다. 그에 맞게 맑은 공기, 한적한 거리, 쾌적한 날씨, 깨끗한 바닷물, 친환경 숲과 자연 동물원 등은 휴식을 하기엔 안성맞춤이었고 스트레스가 쌓일 일이 없는 것처럼 보였다.

겨울 온천 여행도 마음을 치유하기에는 빠질 수 없는 곳이다. 겨울철 삿포르 여행은 가장 일본다운 모습과 생활을 볼 수 있는 곳이라고 생각된다. 눈이 평균 1미터 이상 쌓이는데도 내가 체류하는 며칠 동안 자동차 크락숀 소리 한 번 들어본 적 없었다. 또한 눈 위를 달리는 자동차라 지저분할 듯도 한데 세차한 듯 모든 차들이 깨끗하기만 했다. 또 거리에는 휴지 하나 보이지 않아서 부럽고 얄밉기까지 했다.

어쨌거나 마음의 휴식을 주기에는 여행이 최고이다. 그러나 여행을 하고 싶어도 시간이 없거나 재정적으로 뒤를 받혀주지 않으면 곤란하다. 더 간과하지 말아야 할 것은 체력이다. 걷는데 지장이 없어야 하기 때문이다. 또 여행지에서는 좋은 호텔을 선택하는 것보다 잠을 잘 잘 수 있는 곳을 찾는 것이 중요하다. 중요한 것은 '아는 것만큼 보인다' 는 말처럼 여행지에 대해 미리 역사나 문화에 대하여 공부를 하고 난 뒤 간다면 알찬 여행이 될 수 있을 것이다.

산이 있어 등산을 하듯이, 미지의 세계가 있고 체력이 뒷받침되고, 호기심이 발동하는 한 나는 여행을 떠나고 싶다. 그래서 떠나지 말아야 할 여행은 없다고 생각한다. 터키의 시인 나짐 히크메트가 쓴 시 <진정한 여행>에서 다음과 같이 노래했다.

'가장 훌륭한 시는 아직 씌어 지지 않았다 / 가장 아름다운 노래는 아직 불려 지지 않았다 / 최고의 날들은 아직 살지 않은 날들 / …… (중략) …… / 가장 넓은 바다는 아직 항해되지 않았고 / 가장 먼 여행은 아직 끝나지 않았다'

나짐 히크메트 시인이 말한 것처럼, 나의 여행도 아직 끝나지 않았고, 또 가장 먼 여행도 끝나지 않았으니 떠나지 말아야 할 여행은 없다고 노래하고 싶다.

(합천신문, 2017. 4.) ♣

올챙이 시절의 5일장 구경

봄이다. 어느새 하얀 목련, 노오란 개나리, 빠알간 진달래가 한꺼번에 경쟁하듯 피어난다. 그 중의 으뜸은 도심에도 산에도 온통 화려하게 핀 벚꽃이다. 벚꽃을 핑계로 초등학교 동창생 3명이 등산을 갔다. 이야기는 자연스럽게 서로의 공통분모인 초등학교 시절로 달려간다. 도시락보다 '옥수수 빵 급식'이 부러웠고, 산에 올라가 칡뿌리를 캐던 일, 진달래꽃을 많이 따 먹는 바람에 배가 아팠다는 등 시시콜콜한 추억들이 끝도 없이 나온다. 벚꽃도 보지만 추억이라는 꽃도 상상하는 꼴이다. 어느 해인지 몰라도 흉년이 들어 보리 죽으로 겨우 끼니를 연명했던 때를 떠올리고는 잠시 모두 숙연해지기도 했다. 그러다가 삼가장 이야기가 나왔고, 나는 윤호에게 물었다.

"윤호야, 네가 고향의 삼가장에 처음으로 가본 날을 기억하니?"

"기억이 가물가물 하다마는 아마 초등학교 4학년 때 아니었나 싶다."

"그래? 그러면 장에 처음 갔을 때의 기분이 어땠는지 생각나나?"

"기억하고말고. 시장에 갔더니만 사람이 하도 많아 겁이 났지.

그래서 고아 안 되려고 엄마 뒤를 쫄쫄 따라다녔지. 그리고 그 때 내가 우리 초등학교의 축구 선수였잖아. 그래서 검은 운동화 한 켤레를 샀는데 그 기분이 짱이었지."

"아직도 생생하게 기억하는 것 보니 진짜 좋았던 모양이네. 사실 나도 비슷한 추억이 있어."

당시 우리 고향의 면 소재지에는 장이 없었다. 그래서 시오리 떨어진 인근 소재지에서 5일마다 열리는 장이 삼가장이었다. 장날이 되면 평일에는 한산하던 길이 아침부터 사람들로 줄을 잇는다. 옷차림부터 들판에 일 나갈 때와는 사뭇 달리 깔끔하고 화려하다. 남자들은 시장에 내다 팔 땔감이나 쌀 등을 지게에 지고 간다. 좀 여유가 있는 집안은 리어카에 쌀포대, 돼지새끼, 강아지, 닭 등을 싣고 갔다. 아주머니들도 고추, 참깨, 달걀 등을 머리에 이고 잰걸음으로 가면서도, 신기한 것은 머리 위 물건이 떨어질 것 같으면서노 떨어시지 않는다는 점이다. 더 신기한 것은 부부가 나란히 걷는 모습을 찾아볼 수 없다는 점이다. 부부유별(夫婦有別)하던 시절이라 어머님은 아버님과 몇 미터 떨어져 가는 것이 예의로 알았기 때문이다.우리 집도 장에 갈 계획이 있으면 새벽부터 부산해졌다. 어머님은 새벽부터 일어나 집 안 우물가에서 비녀를 풀고 놋쇠 대야물에 긴 머리를 풀어 머리부터 감는다. 참빗으로 머리를 고르면서 연신 '시원하다' 고 하시던 모습이 떠오른다. 화장이래야 면경(面鏡)을 보며 머리에 동백기름을 바르는 정도이다. 그리곤 서둘러 아침상을 차리곤, 정작 당신은 부엌에서 먹는 둥 마는 둥 하신다. 그리곤 한복으로 갈아입고, 하얀 새 고무신을 신는다.

초등학교 취학 전이던 나는 어머님을 따라 가고 싶은 맘에 조른다.

"어무이, 오늘 어디 가는데?"

“가기는 어디 가노? 내일 모래 제사도 있고 하여 장보러 가제.”

“어무이, 나도 같이 가면 안 되나? 장이 어떤 긴지 참말로 궁금하다 아이가.”

“거기가 어딘데 따라 갈라고 하노. 맛있는 것 사 올 테니 소나 잘 멕이고 있거라. 알았제?”

울며 애걸해보지만 끝내 거절을 당하고 시무룩해진다. 그런데도 오후가 되면 장에서 오실 어머님을 눈이 빠지도록 기다린다. 드디어 장 보따리를 이고 오시는 어머님을 발견하면 쏜살같이 달려가 치마 자락을 잡는다. 어머님은 문어, 돼지고기 등 제물 외에 내가 신을 나일론 양말과 사탕 등도 펼쳐 놓는다. 아이들에겐 사탕 하나면 싱글벙글 만족이다. 무엇이 더 필요하랴. 부모님이 장에 안 간 아이 몇 명도 대문 주변에 서성이다가 사탕 하나를 받으면 줄행랑이다. 자기 집에 가서 얼마나 자랑할지 뻔하다.

아마 초등학교 입학하기 직전의 추석이었을 것이다. 그 때도 장에 가시는 엄마에게 울며불며 때를 써서 처음으로 5일장에 가게 되었다. 시오리 밖에 안 떨어진 세상인데도 어린 눈으로는 신기한 것이 한두 가지가 아니었다. 신작로에 흙먼지를 날리며 달리는 버스도 신기하고, 콘크리트 다리도 엄청난 건축물로 다가왔다. 추석 대목을 앞둔 5일장은 별천지였다. 가게마다 가득 진열된 물건들이며, 북적이는 인파에 눈이 휘둥그레졌다. 또 “골라! 골라!” 라며 혼을 빼듯 유인하는 현란한 장사꾼들의 육담과 몸짓도 재미있었다. 엄마를 놓치지 않으려고 치맛자락을 꽉 붙잡고 따라 다녔다. 추석빔으로 검정 제복 한 벌을 사 주실 때는 기분이 하늘을 날 것 같았다. 옆 가게의 장난감 고무 물총도 하나 사 주었으면 했지만, 종이딱지를 사는 것으로 만족했다. 시장 이곳저곳 돌아다니느라 허기가 질 무렵 먹은 늦은 점심의 장국 맛은 지금도 잊을 수 없다.

"그래 장에 오니까 좋나?"

"응"

"국밥은 맛있나?"

"응"

"배고프지? 천천히 많이 묵으라."

세월이 흐른 지금도 그 때 내 등을 두드리던 어머님의 손길과 부드러운 눈빛이 선하다. 그 때 시오리 밖의 5일장 나들이는 세상이 어떻게 생겼는지도 모르던 개구리도 못된 올챙이의 첫 번째 여행이 된 셈이다. 5일장에 맞추어 고향에 내려가 그 때 그 추억이 어린 삼가장에 꼭 한번 들러봐야겠다.

(합천신문, 2016. 4.) ♣

초딩의 서울 수학여행

초등학교 5학년 가을 어느 날이었다. 교실에 들어온 선생님께서는 수업에 앞서 말씀하셨다.

"이번 5학년 학생의 수학여행은 서울로 가기로 정했다."

순간 "와" 하는 환호성이 터진다. 4개 반 전체 230여명 학생 중에서 가정 형편상 겨우 40여 명 정도의 학생만이 수학여행을 가던 때였다. 우물 안 개구리와 다름없는 나도 서울로 수학여행을 간다는 생각에 줄곧 마음이 설레었다.

드디어 수학여행을 떠나는 날, 학생들은 새벽부터 학교 운동장에 모였다. 오늘 중에 대구를 거쳐 서울에 도착하려면 서둘지 않으면 안된다. 요새는 면소재지에서 대구까지 가는 데 한 시간도 채 안 걸리지만, 그 당시에는 도로가 비포장인데다 꼬불꼬불하여 무려 4시간이나 걸렸다. 버스도 요새 생각하면 폐차 직전의 차로 언제 고장이 나서 멈출지 모르는 상황이었지만, 다행히도 우리 일행은 무사히 대구에 도착했다. 차창을 통해 난생 처음 보는 도시인 대구는 군데군데 높은 빌딩과 넘치는 자동차로 인해 나를 어리둥절하게 만들었다.

대구역에 도착해보니 철길에 기차가 길게 늘어서 있다. 그런데 책에 그려진 기차의 모양은 앞부분이 크고 뒷부분은 뱀 꼬리처럼 가느다랗게 되어 있는데, 내 앞에 서있는 기차는 앞과 뒤가 똑 같은 크기였다. 우둔하게도 나는 책 속의 기차 그림이 실제와 똑같은 것으로 알았던 것이다. 기차를 원근법에 따라 그린 것인 줄도 모르고, 마치 실물도 그런 것으로 알았던 철부지의 무지를 박살내는 순간이었다. 이는 가설 야외무대에서 본 흑백 영화 속의 주연 배우를 한 때나마 실제 주인공으로 착각했던 충격과 같은 것이었다.

기차를 타니 내부의 좌석들은 앞뒤로 마주보게 되어 있었는데, 공교롭게도 담임 선생님과 같은 좌석에 앉게 되었다. 기차는 역마다 서는 완행열차였다. 선생님은 기차가 멈출 때마다 간간이 설명을 해주셨는데, 정차하는 역들은 대부분 처음 듣는 지명이었다.

"여긴 영동인데, 감나무와 대나무는 이곳 아래 남쪽에서만 자라지. 그 이상의 북쪽에서는 추워서 자라지 못해."

"이 역은 신탄진역이라고 해. 담배를 이곳에서 많이 생산하지."

숫기가 없던 나는 그 때 한 마디 말도 못하고, 선생님께서 해주시는 말씀을 듣기만 했다. 배가 출출할 때쯤 어머님이 삶아 넣어준 달걀 맛은 별미였다. 그러다가 깜빡 조는 사이에 기차는 서울역에 도착했다. 대구를 떠난 지 12시간만이었다. 부스스한 얼굴로 해는 지고 거리가 어두운 서울역 밖으로 나오니 정신이 없다. 인솔자를 따라 걷는 시골 어린이의 눈에는 호기심 반 두려움 반이다. 우리가 묵을 숙소는 얼마 전 재개발하기 전까지만 해도 있었던 염천교 근방의 여인숙이었다. 선생님이 학생들을 하나하나 호명한다. 마음이 들떠 있어서 그런지 그날 식사로 무엇을 먹었는지는 기억조차 없다.

드디어 자유시간이었다. 선생님은 길을 잃어버린다고 숙소 밖으로 못나가게 하셨지만, 호기심 많은 개구쟁이 몇 명이 몰래 숙소를 빠져나왔다. 전기불도 본 적이 없는 우물 안 개구리들에겐 번쩍이는 네온사인은 시골 산등성이로 순식간에 날아가는 도깨비불만큼이나 신기했다. 혹시나 숙소를 못 찾을가봐 조금 걷다가 뒤돌아보고 확인하면서 앞으로 나아갔다. 꽤나 많이 걸은 것 같은데 숙소에서 100미터도 안 되는 곳에서 서울역 지하도를 발견하였다.

"이건 뭐지? 두더지도 아닌 사람들이 땅 밑으로 왜 다니나? 참말로 이상하네."

지하도를 처음 본 촌뜨기들로서는 그 이유를 알 턱이 없었다. 갑자기 겁이 난 우리들은 왔던 길을 조심스럽게 되짚어가며 숙소로 돌아왔다.

다음 날 우리는 창경원 동물원으로 갔다. 조선의 5대 궁궐 중의 하나인 창경궁을 일제가 동물원으로 조성한 아픈 역사도 모른 채 우리는 오로지 신기한 동물을 보는 것이 좋다며 정신이 없었다. 키다리 기린, 귀여운 원숭이, 코가 손인 코끼리, 뭔가 불만인 듯 씩씩거리는 불곰 등 모두가 말로만 듣던 처음 보는 동물들이었다. 그러나 뭐니 해도 어린 촌 개구리들의 눈을 사로잡는 것은 백수의 왕인 호랑이였다. 그동안 할머니로부터 수없이 들은 얘기가 바로 저 호랑이란 말인가? 호랑이는 늠름하고 위엄이 있어 보였다. 결국 그 날 밤 나는 호랑이 꿈에 놀라 잠에서 깨기도 하였다.

생각해보면 성인이 되기 전에 내가 경험한 유일한 여행이 그 때의 수학여행이었다. 짧은 기간이었지만 많은 것을 보고 느낀 여행이었다. 시골의 우물 안 개구리에 불과한 촌뜨기가 받았던 느낌과 충격이 얼마나 컸는지 모른다. 그 때의 경험이 이제는 추억이 되어 되살아난다. 수학여행을 하기 전까지는 내일도 오늘과 크게 다를 바 없을 것이라는 막연한 체념 속에 바깥 세계를 알려고 하지도 않았다. 낮에는 딱지치기며 땅따먹기 놀이면 충분했고, 밤이면 전기불이 없어도 달빛과 별빛을 친구 삼아 숨바꼭질로 족했던 우물 안 개구리였다.

그런데 초딩시절의 수학여행은 나에게 마치 마술을 보는 듯한 놀라움을 주었다. 언젠가 '삶은 얼마만큼 소유하고 있는 것이 중요한 것이 아니라, 얼마나 많은 경험을 쌓고 사람들과의 관계를 잘 맺느냐 하는 것이 더 중요하다.'는 말에 깊이 공감한 적이 있다. 여행이 바로 그 중의 하나가 아닌가 싶다. 우물 안의 개구리나 다름없던 내가 철없이 겪은 초딩의 수학여행은 집을 떠나간 나의 첫 여행이었고, 많은 깨달음을 가져다준 기회였다.

(합천신문, 2016. 5.) ♣

노란 동백꽃을 찾아서

잠이 오지 않는 어느 날 밤, 서가에 꽂힌 먼지 묻은 단편 문학집 한권을 꺼냈다. 그 속에는 이양하의 수필 신록예찬도 있고, 1937년 29세의 나이로 요절한 김유정의 동백꽃이라는 단편소설도 있었다. 반가운 마음에 몇 장을 넘겨보다 이런 글귀가 눈에 띄었다.

"……그리고 뭣에 떠다 밀렸는지 나의 어깨를 짚은 채 그대로 퍽 쓰러진다. 그 바람에 나의 몸뚱이도 겹쳐서 쓰러지며 한창 피어 퍼드러진 노란 동백꽃 속으로 폭 파묻혀 버렸다. 알싸한 그리고 향긋한 그 냄새에 나는 땅이 꺼지는 듯이 온 정신이 고만 아찔하였다……."

동백꽃 향기가 알싸하다는 향토색 짙은 표현도 좋지만, 10대 시절의 순수하고도 순박한 감정 묘사가 애틋하게 가슴에 와 닿는다. 그런데 노란 동백꽃이 있었던가? 그런 동백꽃을 보고 싶었다. 인터넷을 뒤적였다. 그런데 아뿔싸! 생강나무 꽃을 강원도 사투리로 동박꽃, 동백꽃 혹은 산동백이라고 부른다는 것이다. 춘천 출신인 김유정은 사투리를 소설 제목으로 한 것이다.

소양강 처녀라는 노랫말의 '동백꽃 피고 지는 계절이 오면 돌아와 주신다고 맹세하고 떠나셨죠.'에 나오는 동백꽃도 생강나무 꽃을 두고 하는 말이란다. 생강나무는 산수유와 비슷하다. 꽃이 노란 것도 비슷하고 피는 시기도 3월로 비슷하다. 꽃다발이 다르고, 가지를 자르면 생강 냄새가 나는 것이 다르다. 그래서 생강나무라고 한다.

날씨도 화창한 2013년 4월 하순의 어느 토요일, 대학 동기생들은 오랜만에 김유정 문학탐방 길에 올랐다. 지하철 상봉역에서 출발하여 경춘선을 타고 출발했는데 전철화 된 경춘선은 처음 타보는 듯 했다. 전철은 북한강의 빼어난 경관을 옆에 끼고 달린다. 차창 밖을 보니 학창시절 강촌으로 MT 갔던 기억이 아스라이 떠오른다. 일행들도 대부분이 지그시 눈을 감은 채 학창시절의 아련한 추억을 떠올리는 듯 입가에 엷은 미소가 번진다. 겨우 1시간 남짓탄 것 같은데 벌써 목적지 김유정역에 도착했다. 원래는 신남역이었는데, 김유정(1908~1937)을 기념하기 위해 2004년 변경한 것으로, 우리나라에서 사람의 이름을 딴 유일한 역이란다. 역사(驛舍)는 한옥모양으로 아담하고도 고풍스러웠다. 그 독특함에 취해 기념사진을 찍는다.

눈을 들어 앞을 바라보니 높지도 낮지도 않은 산들과 그 아래 터잡은 마을이 한눈에 들어온다. 마을을 굽어보고 있는 산은 가을이면 비단병풍을 둘러친듯하다 해서 금병산(錦屛山 · 652m)이라 하는데, 정상에 서면 춘천 시내가 한눈에 조망된단다. 마을 이름은 떡시루를 닮은 마을이라 하여 시루마을인데, 현지에서는 시루의 사투리인 실레마을이라고 한다.

김유정 문학촌에는 문학전시관과 실레 이야기길과 같은 사색할 거리, 닭갈비와 막국수 같은 먹을거리, 레일바이크 같은 탈거리 등 다양한 구경거리가 많다. 우리 일행은 금강산도 식후경이라고, 춘천닭갈비며 막국수를 먹기 시작했다. 막걸리가 몇 순배 돌아가니

알딸딸한 상태에서 일행의 목소리가 조금씩 높아지기 시작한다. 기분 좋은 취기를 느끼며, 사방이 탁 트인 팔각정에 마주 앉아 이야기를 주고받으니 절로 흥이 오른다. 옛 선비들이 풍류를 즐길 때도 이랬을까?

드디어 본격적인 문학탐방에 나서니, 우리 모두 작품 속으로 스르르 끌려 들어간다. 먼저 김유정 문학촌 안마당에는 대표작인 <봄봄>의 주인공인 점순이가 닭싸움을 시키는 조형물이 설치되어 있고, 그 뒤로는 ㅁ자 형의 김유정 생가가 아담하게 복원되어 있다. 초가집이지만 특이하다. 그는 이 곳 부유한 아버지 밑에서 태어났지만 부모님이 일찍 돌아가신 후 만형의 잘못으로 가세가 기울어지는 바람에 말년에는 끼니를 걱정할 정도였다고 한다.

김유정은 어릴 때 상경하여 재동보통학교와 휘문고보를 졸업하고, 연희전문학교 문과를 중퇴했다. 그 후 고향으로 내려와 금병의숙을 만들어 야학과 농촌계몽운동을 펼치며 짧은 기간에 30여 편의 소설을 썼으니, 그 초인적인 정신에 감탄이 절로 나온다.

김유정 전시관으로 들어서면 김유정의 생애와 문학 등 1930년대의 우리 문학의 흐름에 관한 여러 자료가 있다. 김유정 문학촌에서 가장 인상적인 것은 약 5㎞ 되는 '실레 이야기길'이다. 흙으로 된 자연 상태로 걷기에 안성맞춤이었다. 더구나 산길인 이야기길 양쪽엔 아무런 인공미도 가미하지 않은 자연숲 그대로여서 친근감이 느껴진다.

무엇보다도 실레 이야기길은 소박하고 풋풋한 김유정 소설 12편의 배경이 된 장소들로, 장소마다 소설 속 이야기들을 떠올리게 하여 잔잔한 여운을 준다. 어릴 적 읽었던 김유정의 소설이 몇 편을 제외하고는 흐릿한 기억으로 남아있었지만, 다행히도 안내를 맡은 여성 해설사가 촉촉한 입담으로 기억을 되새겨 주어 김유정의 소설

속 장소들을 음미하는 데 부족함이 없었다. 실레 이야기길을 걷다 보면 우리는 마치 소설의 주인공이 된 기분이다. 김유정의 소설 12편에 등장하는 주인공을 소재로 길목 길목마다 주인공과 스토리를 안내하는 푯말도 잘 되어 있다. '춘호' 처가 맨발로 더덕 캐던 비탈길(소낙비)과 '덕돌이'가 장가가던 신바람길(산골나그네)이 정겹게 다가온다.

드디어 소설 <동백꽃>의 배경이 되었다는 잣나무가 우거진 숲에 다다르니 가슴이 벅차오른다. 점순이가 '나'를 꼬시던 바로 그 동백길이다. 노란 동백꽃, 아니 생강나무 꽃이 겸연쩍은 듯 악수로 상견례를 청한다. 얼마를 걸었을까? 어느새 마을 가운데 잣나무 숲에 다다랐다. <봄봄>의 실존 인물이었던 봉필 영감이 살던 마름 집이 남아 있다. 점순이와 혼인은 안 시킨 채 부려 먹기만 하는 게 불만이었던 '내'가 장인과 드잡이를 하던 곳이다. 마름 집 옆으로는 김유정이 간이학교 금병의숙을 세운 뒤 기념으로 심은 느티나무가 지금도 아름드리로 자라고 있다.

우리는 오랜만에 문학에 흠뻑 젖었다. 상경하는 길에 매우 독특한 조형물을 발견하였다. 가까이서 보니 김유정과 관련한 소설책이나 문학작품의 표지를 모아 모티브로 한 디자인이 아름다우면서도 독창적이다. 전철 안에서 서 있느라 다리도 아팠지만 마음은 뿌듯하다. 한 동안 아름다운 추억으로 남으리라! 노란 동백꽃이 다시 그리워진다.

(우리들의 이야기, 2013. 7.) ♣

텐 타우전트 해프닝

2015년 6월 19일 밤 9시, 우리를 태운 KAL의 보잉 777 제트여객기는 굉음을 내며 인천국제공항을 박차고 하늘로 솟아오른다. 400여 명에 가까운 여객과 짐을 가득 실은 체 거대한 쇠덩어리가 하늘로 뜨는 것은 양력(揚力)의 원리라곤 하지만 언제나 신기하다. 만석인 기내는 소수의 외국인을 제외하곤 대부분이 우리나라 사람인 것 같다. 이 많은 사람들이 도박과 환락의 메카인 라스베이거스로 가는 목적이 무엇일까? 도박일까, 여행일까. 아니면 비즈니스일까? 어쨌던 나름대로 뭔가를 희망하며 각자의 볼 일을 보려 갈 것이다.

좁은 의자에 앉아 12시간이나 비행기 안에서 시간을 보내다보니 꽤나 피곤했다. 그러나 아내는 곧 1년여 만에 볼 아들 생각을 해서인지 부스스한 얼굴임에도 불구하고 연신 웃음을 감추지 못한다. 아들은 먼저 공항에 와서 차량을 렌트한 후 우리와 만나기로 되어 있었다.

도착시간이 가까이 되어 우리 부부는 여권, 핸드폰, 지갑 등 소지품을 챙겼다. 돈은 필요하면 신용카드를 쓸 요량으로 나는 천 불만 환전하여 지갑에 조금 넣고 나머지는 가방 속에 넣어두었다. 입국신고서도 미리 작성하면서, 묵을 숙소와 여행 목적 그리고 소지한

천 불(1,000 $)을 또박또박 기입했다. 드디어 차례대로 줄을 서서 기다린 끝에 우리 부부는 입국심사대의 심사요원이 묻는 말에 떠듬떠듬 인터뷰를 하고 통과하였다.

짐을 찾으려고 보니 시설도 낡고 속도도 느리다. 그래도 늦게 부친 짐을 이상 없이 찾았으니 다행이다. 이제 마지막 관문인 세관수속만 밟으면 된다. 줄을 서 있으니 이번에는 여행객이 많아서인지 아니면 수속절차가 까다롭기 때문인지 줄이 늘어진 채 좀처럼 줄어들지 않는다.

그 때였다. 유니폼 차림인 무표정한 거구의 흑인 여성이 내게 다가오더니 잠간 뭐라고 한다. 정확한 뜻은 모르겠으나 손짓으로 봐선 옆줄로 서라는 것 같았다. 나는 속으로 '입국자가 많아서 출구를 분산시켜 빨리 통과시켜 주려는가 보다' 하고 생각하였다. 그러면서 1년 전 LA 공항을 경유하여 남미로 갈 때와는 달리 이곳은 많이 친설해졌나고 생각하였다.

1년 전 남미로 갈 때 잠금장치를 하여 여행용 가방을 부쳤는데, 다른 비행기로 환승하기 위해 짐을 찾고 보니 얼마 안 쓴 가방의 모퉁이가 찌그려져 있었고, 잠금장치는 절단되어 있어서 매우 기분이 상했었다. 그런 기억이 떠올라서 '이 정도 서비스면 아직 미국은 건재하다고 볼 수 있구나' 라고 생각했다.

그러나 이런 나의 기분 좋은 상상은 착각이었다. 무표정한 거구의 여성은 권총을 찬 경찰관이었고, 짧은 내 영어 실력으로는 의사소통이 정확치 않다고 판단했든지 대한항공(KAL) 직원의 협조를 요청하는 것이었다.

"안녕하세요. KAL소속 직원입니다. 미화 만 불을 가져왔다고 말했나요?"

"아니요. 천 불이라고 했는데요. 입국신고서에도 그렇게 기입했고요."

"그렇지만 입국 인터뷰 때 그렇게 이야기 했대요. 여기엔 서류보다 말한 내용을 우선으로 합니다. 아시다시피 만 불 이상 가지고 입국하면 신고를 해야 하고요."

"예, 압니다. 그렇지만 천 불 …"

하면서 다시 말하려다가 생각해보니 아까 인터뷰 때 '텐 타우전트 달러' 라고 한 말이 문득 떠올랐다. '아이고! 천 불이라고 한다는 것이 실수로 만 불이라고 했구나!'

4개의 큰 가방과 들고 온 백팩(back pack)은 압수되어서 세관원 물품조사대 위에 올려진 채 하나하나 풀어 헤쳐지기 시작하였다. 차근차근 꼭꼭 넣어둔 내용물들이 재래시장의 멍석 위에 아무렇게나 놓인 허드레 물건처럼 나뒹군다. 직감적으로 사태의 심각성을 느낀다. 나는 애써 웃으면서 그 흑인 경찰도 들으라고 통역관에게 크게 말했다.

"나의 실수입니다. 천 불이라고 말한다고 한 것이 실수로 그만 만 불이라고 했어요."

통역관이 통역을 해 주었지만, 경찰관은 애써 태연하게 조사를 멈추지 않는다. 통역관은 나에게 기분 나쁘지만 참으란다.

"원래 저 사람들은 융통성이 없는 원칙주의자들입니다."

신경이 슬슬 달아오르며 화가 나기 시작한다. 인상을 쓰며 한마디 했다.

"아니 그러면, 입국심사대에서 입국신고서상의 천 불과 내가 실수로 말한 만 불이 다르면 재차 확인을 했어야지요? 다시 한 번 말해 보세요(Pardon me)라든가, 진짜예요(Really?)라고 하든지 말입니다. 한 마디로 말실수한 것인데, 어떻게 이럴 수 있어요? 내가 만 불을 갖고 올 사람 같이 보입니까?"

경찰관은 내 말의 뜻을 알아듣지는 못하지만 불평하고 있다는 것은 표정으로 읽고선 '조용히 하라' 며 겁을 준다. 그리고 돈을 얼마나 소지하고 입국하는지 확실하게 말해 달랜다. 만약 말한 금액을 초과한 돈이 나오면 몰수하겠단다. 실제로 그럴지는 몰라도 헤비급 여경의 두툼한 입술에서 흘러나오는 어조는 단호해 보였다. 나도 질세라 퉁명스럽게 한마디 하려는데, 아내가 말을 가로 막는다.

"당신이 환전한 천 불 외에, 내가 별도로 천 불을 환전해 왔어. 모두 이천 불이야."

아니 이게 무슨 소리인가. 지금까지 천 불이라고 말했는데, 지금 와서 이천 불이라니 말이다. 당혹스럽다.

"여보, 여태 있다가 왜 이제와서? 경찰관이 우리를 거짓말쟁이로 보면 어떻게 하려고?"

"난 그냥 …"

통역관은 한 수 더 뜬다.

"이곳 경찰관은 입국을 거부하고 추방할 권한이 있습니다. 몇 달 전에도 그런 경우가 한 사람 발생했습니다."

생각이 정리가 안되고 혼란스럽다. 그러나 곧 아내의 마음을 이해해주기로 했다.

'그래, 우리가 큰 돈을 가지고 온 것도 아니고 혼선이 생기기는 했어도 겨우 이천 불인데 별 것이 있겠나? 흥분하지 말아야지. 그리고 아내는 아마 내 몰래 아들에게 용돈을 주려다 순전히 내 실수로 유탄을 맞은 거야. 아내는 영어도 못한 나를 오히려 원망하겠지….'

가방이 여러 개이다 보니 동작이 굼뜬 헤비급 덩치의 여경은 돈을 쉽게 찾지 못한다. 할 수 없이 내게 돈을 어디에 두었느냐고 묻는다. 말도 없이 습관적으로 손을 내밀어 돈 둔 곳을 댔더니 기겁을 한다. 숨겨둔 권총이라도 있을지 모른다고 생각하는 모양이다. 조사한지 벌써 30분이 흘렀다. 이제 여행객들은 모두 나가고 아무도 보이지 않는다.

밖에서 영문도 모르고 마냥 기다리는 아들에게 연락이라도 해야 될 것 같아 아내가 핸드폰으로 전화를 하려하자, 통화를 할 수 없다며 눈을 부라린다. 완전 피의자 취급이다. 조사를 마칠 때까지 무조건 가만히 있으란다. 가방 속에 삼치 통조림을 발견하자 통역관에게 뭔지를 묻는다. 마약이라도 숨겨 들어올 수도 있다는 눈초리다. 통역관이 참치 캔이라고 하자, 치킨은 반입이 불가능한데 삼치는 어떻게 되는지 '물어봐야겠다' 라고 하고선 어디론가 가 버린다. 어이가 없다. 한참 후에 돌아와서는 문제가 없다면서 미안한지 어깨를 들썩인다.

시간은 벌써 1시간을 넘어가고 있다. 아무리 찾아봐도 이천 불 밖에는 없자, 흩어진 짐을 그 큰 손으로 주섬주섬 가방에 담는다. 드디어 조사를 마친 것이다. 아내도 빨리 이 자리를 피하고 싶어 아무렇게나 짐을 꾹꾹 눌러 담는다. 나는 감정이 교차하여 그냥 보고만 있는데, 경찰관은 돈을 가방에 넣으면서 이상 없이 돌려주었다고 사인을 해 달란다. 경찰관은 한 바탕 소동을 벌였으나 아무 일이 없어 다행이라고 생각한 건지, 아니면 실망이 컸는지 얼굴에 알 수 없는 미소가 잠시 스친다.

비록 고통의 씨앗은 내가 뿌린 것이지만 마음이 개운하지 못하여, 속으로 중얼거려 본다. '입국신고서에 1,000불이라고 잘 기입하고 10,000불이라고 말한 것은 오랜만에 당신 나라의 말을 하다 보니 저지른 작은 실수일 뿐이야. 그런데도 1시간 넘게 잡아두고서 곤욕을 치르게 해? 봐, 아무 것도 아니잖아. 잘못을 따지자면 나는 외국인으로 이해가 되는 실수이고, 당신들은 재차 확인 안 한 직무태만이야. 누구의 잘못이 더 큰지 제3자에게 물어보자고!'

조사를 끝낸 경찰관은 내 맘도 모르고 의례적인 인사인지 한 마디를 한다.

"좋은 여행 하세요!(Have a good trip!)"

마치 병 주고 약주는 기분이다. 이럴 땐 웃어야 하나, 울어야 하나? 나는 한 마디라도 해야 직성이 풀릴 것 같아, 양해를 구하니 말을 해보란다.

"솔직히 내 작은 실수와 오해로 기분이 편치 않습니다."

(I' m unhappy for my mistake and bad-communication)

엄청난 헤비급 경찰관은 나의 말에 아무런 대꾸도 하지 않은 채 특유의 무표정으로 잠시 어깨만 들썩인다. 마치 아무런 일도 없었던 것처럼 말이다.

카터기에 짐을 싣고 문을 열고 나가니 아무도 없는 넓은 홀에 아들 혼자만이 초초하게 우리를 기다리고 있다. 얼굴을 보자 안도의 한숨을 쉬며 달려온다. 어느새 엄마와 아들은 포옹한 채 떨어질 줄 모른다. 그때서야 나도 찡그러진 얼굴이 펴진다.

"많이 기다렸지? 아무 일도 아니야."

공항 청사 밖으로 나서니 더운 열기가 얼굴에 확 다가온다. 따가운 햇살에 눈을 바로 뜰 수가 없다. 오후 6시인데도 기온은 화씨 95도(섭씨 35도)를 오르내린다. 그러나 사막 속의 도시라 습기가 없는 것이 그나마 다행이다.

라스베가스의 맑고 푸른 하늘이 우리를 위로하며 말없이 환영하는 듯하다.

"여행 중의 조그만 실수는 오히려 좋은 추억이 될 수 있어. 미국 사람이라고 다 융통성이 없는 건 아니냐. 한국 사람도 마찬가지잖아. 세상은 다 비슷해. 자동차로 진짜 좋은 자유여행 한번 해 보라고”

(한티벌 3호, 2015. 7.) ♣

행운의 교통사고

몇 달 전 미국 유학 중인 둘째 아들로 부터 전화가 왔다. 안부를 주고받은 후 전화를 끊으려 하는데, 여행 이야기를 꺼낸다.

"아버지! 이번 여름 방학 계획은 뭐예요?"

"글쎄다. 아직 딱히 정한 것은 없다만…"

"그러면 미 서부 지역을 여행할 생각은 없으세요?"

"미 서부라면 LA가 중심인데, 그곳은 몇 번 갔었지. 캐나다 밴쿠버, 미국 시애틀과 오리건 주도 가 보았고, 라스베이거스와 그랜드 캐년도 언젠가 가서 기념사진 몇 장은 찍었었지."

"그럼 후버댐이라든지, 요세미티 공원, 옐로스톤은요?"

"그곳은 안 가 봤지. 그건 그렇고, 나는 여행하는 것이 좋지만 엄마는 어떻게 생각할지 모르겠다. 아마 요새 형편도 그렇고, 몸도 안 좋다고 할 텐데 말이다."

내가 머뭇거리자 아들은 기다렸다는 듯이 말한다.

"아버지! 사실은 제가 조금 알아 봤는데요. 아버지 명의로 적립된 마일리지면 비행기 요금은 문제없어요!"

"아, 그래? 내 마일리지가 두 사람이나 미국 무료 왕복이 가능하다 이거지?"

"그럼요."

"그럼 이번 여름방학에는 너 핑계대고 미국으로 가 볼까?"

우리 부부는 여행 비수기인 2015년 6월 마일리지 탑승권으로 라스베이거스 행 비행기에 올랐다. 목적은 라스베이거스, 솔트레이크, 샌프란시스코의 세 도시를 축으로 하여, 그 주변을 자동차로 돌아보는 여정이었다. 호기심 반 기대 반으로 12시간의 비행 끝에 라스베이거스 매캐런 공항에 내려 입국 수속을 마치니 오후 6시가 되어 호텔로 가 짐을 풀고 쉬었다.

라스베이거스 시내는 다른 지역을 모두 돌아보고 한국으로 오기 직전에 구경하기로 하고, 다음 날 우리 부부와 아들은 바로 그랜드 캐년 국립공원으로 향했다. 한 시간 가량 달리니 후버댐(Hoover Dam)이라는 안내 표지가 눈에 들어온다. 후버 댐은 네바다와 애리조나 주 경계로, 1920년대 세계 대공황 시대에 콜로라도 강을 막아 만든 세계적인 토목공사이자 뉴딜정책의 대표적인 유적지이다. 웅장한 후버댐을 보니 속이 후련해진다.

후버댐을 뒤로 하고, 우리 일행은 오늘의 목적지인 그랜드 캐년을 향해 동쪽으로 고속도로를 달렸다. 작열하는 유월의 태양 아래 저 멀리 지평선에 아지랑이가 피어나고 우리가 탄 차는 바람을 가르며 달린다. 집도 나무도 오가는 차량도 드문 아리조나 사막 속의 도로를 달린다. 후버댐을 출발한지 2시간 가량 지나서야 그랜드 캐년 입구에 있는 윌리암스(Williams)라는 조그마한 도시에 도착했다.

드디어 그랜드 캐년(canyon)으로 들어선다. 야생동물을 조심하라는 안내판이 간간이 눈에 들어온다. 그리고 아스팔트 도로 위에는 차에 치여 죽은 동물 시체가 간혹 눈에 띄기도 한다. 지금까지 달려온 고속도로 옆의 삭막한 풍경과는 너무나 다르게 나무가 울창

하다. 길에서 멀리 떨어지지 않은 곳에서 겁도 없이 풀 뜯는 야생동물들이 한없이 자유로워 보인다. 드디어 유네스코 세계자연유산에 등록된 그랜드 캐년의 전망대에 올랐다. 거대한 협곡이 한 눈에 들어온다. 1,500미터 아래의 협곡을 내려다보니 푸른 강이 뱀처럼 꿈틀거린다. 눈을 돌려 협곡의 양쪽 내면을 내려다보니 각양각색의 불가사의한 경관이 시간에 따라 모습을 바꾸며 다가온다. 과연 지구에서 가장 가보고 싶은 곳 1위로 선정될 만하다. 맑은 공기탓으로 강 건너 전망대도 마치 손에 닿을 듯하다. 그런데 실제 거리는 짧게는 5킬로미터이고, 넓은 곳은 30킬로미터나 된다고 한다.

국립공원 내부의 여기저기를 오며가며 걷다 보니 어느새 저녁시간이 되었다. 숙소로 돌아갈까 생각하고 있는데, 뉴욕에서 왔다는 한국 관광객 한 분이 친절하게 말한다.

"그랜드 캐년의 멋은 저녁노을입니다. 여기까지 와서 그것을 안 보시고 가신다면 두고두고 후회할 겁니다."

그 얘기를 듣고 나니 저녁노을을 꼭 보아야겠다는 생각이 들었다. 그래서 계획을 변경하여 공원 내 식당에서 저녁을 해결하기로 했다. 저녁 8시가 좀 지나자 그랜드 캐년 국립공원은 아름다운 노을로 천지가 붉게 물들기 시작했다. 여기저기서 함성이 터져 나온다. 너무 아름다운 광경에 식사를 하다말고 카메라 샷을 누른다. 해가 지니 기온이 뚝 떨어졌지만 그랜드 캐년의 저녁노을은 너무나 아름다웠다. 우리에게 저녁노을을 보도록 말해준 그 한국분이 무척 고마웠고, 이렇게 아름다운 저녁노을도 보지 않고 떠났다면 정말 후회할 뻔 한 장면이었다.

내일도 이동할 거리가 만만치 않다. 빨리 숙소로 들어가 쉬며 내일을 준비해야 한다. 이곳에서 숙소까지는 자동차로 삼십분 정도 떨어진 곳이란다. 시간은 9시가 넘어 어두움이 얇게 깔리고 새들도 둥우리로 돌아갔는지 사방이 조용하기만 하다. 쭉 뻗은 왕복 1차선 도로 양측에는 이름 모를 나무들이 빽빽하게 우거져 있다.

제한 속도 50마일, 즉 시속 80킬로미터로 달린지 5분 정도 지났을 때였다. 도로 전방 10미터 정도에 소처럼 큰 엘크 사슴이 보이는가 싶은 순간에, 운전을 하는 아들과 조수석에 앉은 나는 동시에 "아-" 하는 비명을 질렀다. 연이어 "끼익" 하는 급브레이크 소리와 함께 "쿵, 쾅" 하는 둔탁한 소리가 내 귀청을 때린다. 유리창 너머로 엘크가 보이더니 옆 숲속으로 튕기는 것이 선명하게 보인다. 모든 게 순간이었다. 안전벨트까지 했건만 몸이 크게 출렁인다. 차는 90도 가량 오른쪽으로 틀어져 멈췄다. 충격으로 전면 안전유리는 금이 가서 거미줄 무늬로 변했다. 뒷좌석에 앉아 있던 아내는 더 놀란 모양이다.

"뭐야? 괜찮아? 몸은?"

"나는 문제없는데, 한용이는 …"

"저도 괜찮은 것 같은데요. 엄마는?"

모두가 한숨을 내쉰다. 정말 다행이다. 만약에 오늘 사고로 우리가 다쳤다면 어떻게 되었을까? 상상하기조차 싫다. 그 와중에 아들은 '죽은 것이 틀림없는 엘크'를 확인하고 싶은 모양이다. 그러나 오늘이 자동차 여행 첫날로 앞으로 보름이나 차로 이동하여야 하는데 죽은 짐승을 보는 것이 오히려 좋지 않을 것 같아 차 안에서 나가지 못하도록 했다. 다행히 이미 날이 어두워져 죽은 엘크는 어디에 있는지 보이지 않았다. 차를 도로 가장자리로 옮겼을 때 차 한 대가 헤드라이트를 켠 채 바람을 일으키며 달려간다. 저 차가 방금 직전 뒤따라 왔다면 어떻게 되었을까? 그 생각을 하니 갑자기 몸이 오싹해진다.

아들이 렌트한 차는 국산 '산타페'였다. 핸드폰 불빛으로 차량을 살펴보니 앞 유리창이 깨진 것 외에 왼쪽 전조등과 범퍼가 깨져 덜렁거린다. 계속 운행할 수가 없을 것 같아 렌트카 회사에 사고 내용을 알리자, 차를 교환할 수 있는 가장 가까운 곳은 1시간 반을 달려야 하는 플리그스티프 비행장이란다. 결국 예약한 숙소도 포기하고 비상등을 켠 채 천천히 달려서 천신만고 끝에 공항에 도착했다. 이미 자정이 넘었으니, 근무자가 있을 리 없어 다음날 아침에서야 차를 교환할 수 있었다. 이번 경험을 통해 온 가족이 자동차 1대에 함께 타고 하는 여행은 사고가 발생했을 때 매우 위험하다는 걸 느꼈다. 운이 좋게 우리는 사고도 잘 수습했고, 아무도 다치지 않아서 다행이었다.

우리는 다시 다른 목적지를 향하여 달린다. 끝도 없는 황량한 직선도로이다. 2시간 가량 갔을 때였다. 그 넓은 사막에서 싸이렌 소리가 요란하게 들린다. 교통순찰차와 앰블란스가 모여든다. 방금 하행차와 상행차가 정면으로 충돌하여 크게 사고가 발생한 것이다. 사상자가 많이 발생한 모양이다.

그 모습을 보니 어제의 엘크 충돌사고가 되살아난다. 그리고 누가 나에게 이렇게 말해주는 것 같다.

"여행한다고 해서 마음 너무 들뜨지 말고, 이국땅에서 차 조심해! 특히 가족끼리 하는 여행이니 더욱 조심하도록 해! 어제 사고는 사고도 아니야! 앞으로 보름 동안 운전해야 하니 더욱 조심하라고! 어제는 가벼운 잽을 날려 준 것 뿐이야. 그러므로 어제 일은 오히려 행운이라고 생각해!"

그렇다! 그렇게 생각하니 드넓은 아리조나의 사막 속을 달리고 있는데도, 마치 초원 위로 멋진 카우보이가 노래를 부르며 우리 가족여행을 반겨주는 것 같다. 나도 모르게 유행가 가사를 흥얼거린다.

"카우보이 아리조나 카우보이 / 광야를 달려가는 아리조나 카우보이 / 말채찍을 말아들고 역마차는 달려간다…"

(합천신문, 2015. 8.) ♣

옐로우스톤에서 캔 수석

오늘은 한국을 떠나 미국 서부를 여행한 지 5일째 되는 날이다. 미국에 온지 1주일이 채 안 되었지만 그간 샌드위치와 콜라를 주먹거리로 하다 보니, 속이 니글거려 아침부터 김치 생각이 굴뚝같다. 해외여행 중에 그 정도는 참아야 된다며 면박을 주는 아내의 말에도 불구하고, 비상시 해결하려고 가지고 온 컵라면으로 아침을 해결하니 속이 한결 편안해진다.

당초 아들이 미국 서부에 대한 여행 코스를 잡을 때 내가 주문한 것이라곤, 미국인들이 가장 가고 싶어한다는 '옐로우스톤'과 아직 가보지 못한 '샌프란시스코'를 반드시 일정에 포함시키라는 것이었다. 그런데 바로 오늘이 그 옐로우스톤에 가는 날인 것이다.

내가 옐로우스톤을 고집한 이유는 고 2때로 거슬러 올라간다. 당시 우리 반의 좌석 배치는 자율 좌석제로서 원하는 빈 좌석에 앉는 것이었다. 하지만 대략 1주일쯤 지나면 지정좌석제처럼 굳어지게 마련인데, 어느 날 영광이란 친구가 내 짝꿍이 되었다. 그런데 그날 지학(地學)과목 수업이 있었고, 지학 선생님은 그날따라 록키산맥에 대해 열강을 하셨다.

"록키산맥 총 길이는 약 4,500㎞에 이른다. 최고봉은 미국 남부의 앨버트산(4401m)이고, 산맥 동쪽은 가파른 절벽을 이루며 서쪽은 콜로라도 강이 흐른다. 그런데 록키산맥에 겨우내 쌓였던 눈이 봄이 되면 녹는 바람에 강물이 넘쳐 콜로라도 강은 범람했다. 범람을 막기 위해 대공황 시기에 뉴딜정책이라는 이름으로 쌓은 토목공사가 후버댐이다. 그리고 솔트레이크시 근방에는 옐로우스톤이라는 세계적인 국립공원이 있는데, 특히 간헐천(間歇泉)으로 유명한 곳이다."

그러자 어떤 학생이 '선생님, 간헐천이 뭐죠?' 라고 질문하자, 선생님은 다음과 같이 자세히 설명을 해주셨다.

"질문 잘 했다. 옐로우스톤은 그랜드캐니언의 3배로, 우리나라의 경기도와 맞먹는 면적이다. 간헐천이란 물이 일정한 간격을 두고 뜨거운 물이나 수증기를 뿜어내는 온천이라는 뜻이다. 그 이유는 마그마가 지표에서 비교적 가까운 5㎞ 깊이에 있기 때문에 나타나는 현상인데, 지구 전체의 3분의 2인 300개가 이곳에 있다."

그러고 나서는 우리에게 질문하셨다.

"자! 그러면, 세계에서 가장 유명한 간헐천 이름을 아는 학생 있나?"

그러자 내 짝꿍이 조용히 손을 든다.

"올드페이스풀(Old Faithful)입니다."

"그래, 네가 '이영광' 이구나! 네가 작년에 미국에 갔다 왔대지? 다른 학생들도 나중에 꼭 가 보도록 해라. 사실은 나도 아직 가보지 못했다. 기록에 의하면 올드페이스풀은 대략 70분마다 4분 정도 40~50m 높이로 물이 솟아오른다고 한다."

갑자기 내 짝꿍이 다시 보였다. 나도 언젠가 그곳에 가보리라 생각하였는데 40년이 지난 오늘에야 그 꿈이 이루어지게 된 것이다.

올드페이스풀에 도착하니 하늘 높이 물줄기가 수증기와 힘차게 솟아오른다. 세계 각국의 관광객들이 발 디딜 틈이 없이 모여서 박수를 치면서 환호성을 지른다. 마치 인공 분수대에서 뿜어나오는 물줄기처럼 힘차게 솟으면 하늘의 뭉게구름과 하얀 물보라가 어우러져 장관을 이룬다. 이제 여기를 떠나면 다시는 볼 수 없는 그 장면을 사진으로나마 남기고 싶어 연신 카메라에 담았다. 다음 일정이 있어 아쉬움을 뒤로 하고 다른 곳으로 부지런히 이동했다. 공원 내에서 간단하게 점심을 해결하고 나니, 아내와 아들은 힘들지도 않는지 또 다른 곳으로 얼른 옮기자고 한다. 나는 올드페이스풀에서 큰 감동을 받은 데다가 조금은 지쳐 있어서 그냥 쉬고 싶었다. 그리고 호수, 협곡, 폭포가 많다보니 웬만한 것은 감흥도 일어나지 않는다. 나는 한 시간 후에 다시 만나기로 하고 가족들과 헤어졌다.

많이 보는 것도 중요하지만 조용히 조망하는 것도 여행의 즐거움이다. 쉬면서 오가는 관광객을 바라보기도 하고, 주위를 자세히 살펴보니 이제까지 보이지 않던 나무도 새롭게 다가오고, 시원한 바람도 놀자고 손짓한다. 어디선가 졸졸거리며 흐르는 물소리도 들린다. 나도 모르게 그 물소리를 따라 계곡으로 내려가니, 아무도 없다. 나는 물에 발을 담그고 눈을 감은 채 조금 전에 본 올더페이스풀을 떠올려본다. 그리고 눈을 떠서 주위를 돌아보니 마치 우리나라의 여느 계곡처럼 친근하게 느껴진다. 일어나서 맨발로 계곡 주위를 걸어 다녀본다.

"아, 이곳에도 주울만한 돌이 있을 텐데 오랜만에 탐석이라도 할까?"

이런 생각을 하면서 물속을 기웃거린지 10분이나 지났을까. 얕은 물속에서 하얀 글자가 나를 향해 배시시 웃고 있는 것이 아닌가? 얼른 물속으로 손을 넣어 돌을 집어 들었다. 아니 이럴 수가! 옐로스톤의 첫 알파벳인 Y자가 선명하게 그려져 있다. 주먹만한 그 돌을 만져보니 바탕은 흑색과 갈색이 혼합된 중간색이요, 돌의 표면은 거울처럼 매끄럽고 부드러우며 촉감이 시원하다. 수석에 대해서는 잘 몰라도 예사롭지 않다는 느낌이 든다.

내가 수석에 관심을 가지게 된 것은 30년 전부터이다. 그 무렵 업무상으로 광화문에 있는 어떤 분의 사무실을 방문 했을 때였다. 10여 평 되는 사무실 유리창을 통하여 보이는 인왕산과 북악산이 마치 한 폭의 그림 같았다. 그런데 내 시선을 사로잡은 것은 책장의 책도 아니고 벽에 걸린 그림도 아니었다. 그것은 바로 분재와 수석이었다.

당시 나는 특별한 취미도 없이 일만 아는 일벌레라는 놀림을 받고 있었다. 그래서 수석의 개념조차 있을 리가 없었다. 그런데 모래 수반 위의 작품을 보니 호기심을 넘어 신비스럽기까지 느껴졌다. 그날 커피를 마시는 내내 그 분과 나의 화제는 온통 수석 얘기뿐이었다. 방주인은 수석으로 인정받기 위해서는 무엇보다도 인공이 가해지지 않아야 하며, 모양도 모양이지만 석질이 견고해야 하기 때문에 아무 곳에서나 있는 것이 아니라고 말했다. 주로 남한강 일대와 금강 상류, 그리고 울산과 경주 일대, 청송과 고성이 수석의 산지라는 이야기를 했던 것 같다.

"아 참, 수석(水石)이라면 물이 있는 냇가에서 채취한 돌이란 뜻 같은데, 그럼 산에서 탐석한 것은 산석(山石)이라고 하나요?"

"정 선생, 산석이라는 생각이 기발하네요. 그런데 산석이라는 말은 없고요. 수석도 수석이라 하지 않고 목숨 수를 써 수석(壽石)이라고 합니다. 아마도 일본에서 연유된 용어가 아닌지 모르겠습니다."

방주인은 수석에 대한 남다른 일가견과 애정을 지닌 분이었다.

내가 수석에 호기심과 관심을 크게 느끼는 모습을 본 방주인은 나에게 제안을 했다.

"정 선생, 우리 시간 내서 탐석 한 번 가시죠?"

"그럼 저야 좋지요."

이렇게 대답은 했지만 결국 1년이 지나가도록 실천하지 못했다. 그 후 길에서 우연히 그 때의 그 방주인을 만났다. 그런데 그 분은 다짜고짜 며칠 후 탐석하러 가는데 동행 하지 않겠느냐고 묻는 것이다. 나는 무조건 동행하겠다고 했고, 며칠 후 여주 근처의 남한강으로 함께 가게 되었다.

여름이 끝나가는 무렵 동참한 십 여 명의 사람들이 연신 땀을 흘려 가면서도 한 점의 작품을 찾으려고 남한강변의 돌들을 살펴보는 모습은 매우 인상적이었다. 나도 그 분들의 흉내를 낸다고 열심히 돌을 집었다가 버리곤 하였다. 그러다가 제법 수석다운 돌이라도 발견한 양 동행인에게 물어보면 '그것은 단순히 돌맹이'라고 말하여 낙심만 컸다. 수석이란 두 손으로 들 정도의 작은 자연석으로 산수미가 축소되어 있고 색채와 무늬가 조화를 이루어야 한다는 것이다. 그러니 왕초보 눈에는 어림도 없었다. 나는 할 수 없이 수석 반열하고는 거리가 있지만 탐석하러 간 증표로 돌 한 개를 가방에 넣고선 마치 수석이라도 되는 양 좌대까지 만들었다.

그 후 탐석을 다시 한 적은 없으나 어쩌다 계곡이나 냇가에 가는 날이면 나도 모르게 수석에 대한 갈증을 풀기라도 하듯이 돌을 집어보는 습관이 생겼다. 지금은 수석이란 이름으로 보유하고 있는 돌이 10여점나 된다. 그중에는 홍도에 갔을 때 발견한 홍도의 지도와 색깔을 닮은 자그마한 돌도 있고, 이스라엘 여행 중 집어온 사해의 염석도 있다. 아프리카의 최남단이라고 알려진 희망봉을 여행했을 때 희망봉의 모습과 색상이 비슷한 돌을 해변에서 주어 온 것도 있다. 나는 이 황토색이 도는 보잘 것 없는 돌덩이를 희망석이라 붙이고 책상위에 두고 그 때의 감흥을 되살리곤 한다.

그런데 국내도 아니고 해외에서, 그것도 40년간이나 보기를 염원했던 옐로스톤에서 마치 지금까지 나를 기다리기라도 하였던 것처럼 알파벳 Y가 선명히 새겨진 돌이 바로 내 눈 앞에 나타난 것이다. 이것이 수석이라고 인정을 받든 아니든 상관없다. 이 돌은 그간 내가 수집한 돌의 가장 첫 자리에 위치할 것이고, 앞으로도 옐로우스톤의 기억과 함께 영원히 간직될 것이다.

(합천신문, 2015. 9.) ♣

굴곡 많은 나라, 몬테네그로

아무리 여행이 좋다 하더라도 막상 집을 떠나면 불편한 것도 사실이다. 하지만 이국의 아름다운 풍경, 불가사의한 인류문화유산, 우리와 다른 생활방법 등을 확인하는 즐거움이 더 크기에 불편함과 피곤함도 잊어버린 채 또 여행에 나서게 되니, 이쯤 되면 여행도 중독성(中毒性)이 있는 모양이다. 나는 각박한 삶에 지쳐 뭔가 재충전이 필요하다고 느낄 때 여건이 허락하는 한 주저하지 않고 여행을 떠난다. 홀로여행도 좋고 단체여행도 기피하지 않는다. 국내이든 해외이든 장소도 가리지 않는다. 국내는 아기자기해서 좋고, 해외는 미지의 세계라서 좋다. 그러다보니 우리나라는 물론이고, 전 세계를 수박 겉핥기는 대충 해본 셈이다.

그동안 나는 여행 장소를 선택할 때 가보지 않았던 곳을 우선으로 하되, 대체로 유명관광지를 선택하였다. 여러 사람이 좋다고 하는 곳에 가보면 심미감(審美感)이 부족한 나로서도 대체로 만족할 수 있기 때문이다. 그런데 간혹 아무런 기대 없이 갔다가, 횡재를 얻는 경우도 있다. 그럴 땐 여행의 즐거움이 배가 된다.

2012년 여름 휴가엔 유럽의 동쪽 끝인 발칸반도에 자리잡고 있는 옛 유고슬라비아 지역을 가게 되었다. 옛 유고슬라비아 연방공화국은 세르비아 · 몬테네그로 · 크로아티아 · 보스니아헤르체고비나 ·

마케도니아·슬로베니아 6개 공화국으로 구성되었다가, 20년 전부터 6개 나라로 해체되기 시작하다가 2006년에 가장 마지막으로 독립한 나라가 몬테네그로이다.

몬테네그로(Montenegro)는 디나르알프스 산맥의 남쪽 끝에 있으며, 남서쪽으로 아드리아 해, 북동쪽으로 세르비아, 남동쪽으로 알바니아, 북서쪽으로 보스니아헤르체고비나와 경계를 이루고 있다. 인구 70만 밖에 되지 않는 몬테네그로는 2006년 5월 21일 세르비아와의 연방분리 독립에 대한 찬반 국민투표를 실시하여 독립을 선언하면서 유고 연방에서 마지막으로 독립하였다. 이로써 1918년 제1차 세계대전이 끝난 뒤 세르비아에 의해 강제로 연방에 병합되었던 몬테네그로는 88년 만에 독립을 이루게 되었다고 한다.

투르크와 수세기에 걸쳐 싸우는 동안 요충지가 된 '검은 산' 이라는 뜻을 지닌 로브첸산에서 따온 말로 나라 이름을 지은 몬테네그로는 인구나 지역도 작고 국민소득도 1인당 3천불 밖에 안되는 가난한 나라이지만, 아름다운 자연경관과 유서 깊은 관광유적지가 많다. 또 동방정교회와 로마가톨릭교회의 교회와 수도원들이 많아 종교순례지로도 유명하다.우리는 여러 유적지 중에서도 코토르(Kotor)라는 중세 도시가 있는 곳에 가기로 했는데, 보스니아에서 그 도시로 가기 위해서는 코토르만(灣)을 거쳐야 한다.

코토르만에 둘러쌓인 호수 같은 바다의 해안선 길이는 약 110km라고 하는데, 웬만해선 감탄하지 않는 나의 무딘 감성도 코토르만을 끼고 달리는 아름다운 풍경에 도취되어 나도 모르게 탄성을 질렀다. 버스에 탄 다른 일행도 그림 같은 빨간 지붕의 집들, 햇빛에 반짝이는 호수, 하얀 크루즈선, 저 멀리 보이는 검은 산 등 황홀한 그림 같은 풍경에 연거푸 탄성을 지른다. 그 막막한 아름다움에 탄성을 지르다보니 어느 새 110km 되는 긴 해안선이 끝나고, 중세도시 코토르가 나타난다.

코토르는 중세의 마을과 왕궁을 잘 보존하고 있었다. 유네스코 세계문화유산으로 지정된 이 도시의 곳곳에서는 베네치아공화국의 오랜 통치를 받은 탓에 그 시대를 반영한 건축물들을 많이 볼 수 있었다. 주요 유적으로는 1166년에 건립된 성 트뤼폰(St. Tryphon) 성당, 4.5㎞에 달하는 고대 성벽, 브베티 조르제와 같은 작은 섬들 등이 있었다.

아침부터 햇빛이 내리 꼽는 데도 불구하고 코토르 성 뒤의 산 위에 있는 요새로 올라가 코토르만과 코토르 시내를 조망할 수 있는 전망대로 올라갔다. 크로아트리아의 중세 관광도시인 두브로브니크에는 정상까지 올라가는 케이블카가 설치되어 있는데, 이곳에는 없기 때문이다.

땀을 뻘뻘 흘리면서 1,500계단을 오르니 정상이다. 코토르 시내가 보인다. 아드리아 해안 대부분의 집들 지붕은 그랬듯이 주홍색 지붕들이 늘어서 있어 아기자기하게 정감이 간다. 더구나 코발트 바닷물과 선착장엔 요트가 보이고 하얀 대향 유람선도 보인다. 코토르만을 배경으로 사이프러스 나무들이 영화 속 한 장면 같다. 감탄하지 않을 수 없는 한 폭의 그림이다. 이 조화로운 그림이 이국의 여행객들을 소리없이 불러모으는 마력인 것이다. 어느새 흐르던 땀도 시원한 바람에 마르면 떨어지지 않는 발걸음으로 하산을 한다.

그런데 너무 아름다워서 그랬을까? 지금까지 그 지배집단은 수없이 변천되었고 그 사이 백성들은 많은 고통을 받았다. 특히 약소국으로서 여러 민족들에게 지배를 당한 역사는 그곳에 사는 백성들을 많이 괴롭혔으리라. 중세에는 달마티아에 속하였다가, 불가리아를 거쳐 세르비아에 복속되었으며, 14세기 후반에는 베네치아공화국이 점령하였고, 15세기 말에는 오스만 투르크제국의 지배를 받았다. 17세기 말에는 다시 베네치아 공화국이 장악하였다가, 19세기 초에는 프랑스 제국을 거쳐 1815년 오스트리아제국에 합병되었고, 1918년에는 유고슬라비아에 속하게 되었다. 그러다가 1941년 이탈리아에 잠시 점령당하였고, 그 후 다시 유고슬라비아의 연방이 되었다가 2006년에야 독립에 이르게 되었다.

이러한 과정에서 지역에 따라 믿는 종교에 차이가 나게 되어서 오스만투르크 제국이 점령하였던 지역은 러시아정교회 신자가, 베네치아공화국이 통치한 지역은 가톨릭 신자가 대부분이라고 한다. 또한 부계중심의 대가족을 이루면서 가문에 대한 충성을 중요시하는 풍습이 남아 있어서 그동안 가문들간에 싸움이 잦았는데, 오늘날까지도 이런 습속이 남아있어서 내부 갈등요소가 되고 있다고 한다. 굴곡 많았던 몬테네그로의 역사를 생각하다보니 오랜 역사를 지닌 우리 배달민족이 자랑스럽게 느껴지는 의미 있는 해외여행이었다.

(합천신문, 2012. 8.) ♣

홋카이도 설경

눈을 뜨고 보니 아침 7시 30분이었다.

"여보! 여보! 큰 일 났어. 8시 40분까지 공항에 가야 하는데 어쩌지? 친구에게 그냥 못 간다고 말하고 말까?"

세수도 하지 않고 나는 마치 군사 훈련이라도 받는 양 잽싸게 옷을 챙겨 입으며 아내에게 말했다.

"어디로 가야 하는데?"

"김포공항이지. 아 참! 일본이니 김포공항이 아니고 인천공항이네. 큰일 났네. 아무래도 그냥 포기해야겠어."

이렇게 횡설수설하며 아내에게 말하자, 아내는 포기하지 말고 서두르자고 한다. 서둘러 가면 조금 늦을지는 모르지만 비행기는 탈 수 있을 거라며, 급히 주차장으로 향한다. 나도 넋 나간 사람처럼 여행 가방을 갖고 따른다. 다행히 여행 가방은 어제 밤에 챙겨두었기 때문에 바로 들고 나설 수가 있었다. 이렇게 아침시간이 뒤죽박죽 된 것은 자명종만 믿고 잤던 나의 잘못 때문이었다. 그동안 잘 쓰지 않던 자명종을 새벽 5시에 맞춰놓고 잤는데, 그 사이 고장이 났던 것을 몰랐던 것이다.

아내는 평상시와 달리 과속으로 달린다. 올림픽대로는 보통 출근시간에는 꽉 막히던 곳인데, 웬 일인지 뻥 뚫려 있다. 그 덕분에 아내와 나는 첩보영화의 주인공처럼 빠르게 공항을 향해 달렸다. 약속시간보다 늦긴 했으나, 우여곡절 끝에 겨우 비행기를 탈 수 있었다.

일본 홋카이도(北海道)에 있는 삿포로(札幌)는 초행길이다. 10여 전 동경 출장 시에 삿포로까지 가기로 되어 있었으나, 사무실에 급한 일이 생기는 바람에 중도에 귀국한 적이 있었다. 처음 가는 곳이어서인지 마음이 설렌다. 더구나 이번은 고교 친구 10여명이 환갑 기념으로 가는 여행이기에 느낌도 색다르다. 일행 중에 삿포로를 잘 아는 친구가 있어서 우리들이 좋아하는 일정을 잡기도 하였지만, 경제적인 관광이어서 좋았다.

삿포로는 1년 중 6개월이나 눈이 내리고, 1월 평균기온이 영하 4℃로 추운 곳이다. 도시 개발도 명치유신 직후인 1869년에 착수하여 시가지를 마치 바둑판처럼 반듯하게 만들어놓은 계획도시이다. 1972년에는 동계올림픽대회를 개최하였고, 2002년에는 한일월드컵의 예선전이 열린 곳이기도 하다. 눈이 많다보니 설경을 보러오는 경우가 많고, 특히 겨울 온천욕을 하려고 세계 각국으로부터 많은 관광객이 모여든다. 눈이 얼마나 쌓이는지 삿포르 시민들은 지상으로 걷기보다는 지하 도로로 다니는 경우가 더 많다고 한다. 눈이 많이 오기 때문에 이를 대비하여 마치 방공호 만들 듯이 건물 지하거리를 잘 조성해두었기 때문이다. 그래서인지 '눈을 보려면 지상으로 가고, 사람을 보려면 지하로 가라'는 말이 이곳에서 생겨나기도 했다. 삿포르 시 1년 예산의 절반은 제설비용이라고 할 정도로, 삿포르와 홋카이도는 눈(雪)을 빼고는 생각할 수 없다.

홋카이도 전역에는 유명 온천이 곳곳에 있다. 실내 온천은 기본이고, 모락모락 김이 피어나는 노천 온천에서 휘날리는 하얀 눈을 맞으며 즐기는 야외 무료 노천탕도 많다. 우리도 대설산(다이세쓰

산) 기슭의 아담한 노천탕에서 시간을 보냈다. 초저녁에 교교한 달빛을 맞으며 탕 속에 있으려니 꿈인지 생시인지 헷갈린다. 탕에서 나와 눈을 밟으며 산 위에서 불어오는 찬바람을 맞고서야 정신이 번쩍 들었다.

다음날, 우리 일행은 노보리베쓰(登別)로 가서 본격적인 온천욕을 즐겼다. 그곳은 지옥계곡(지고쿠다니)으로 유명하다. 계곡에 한 발 내디디면 유황냄새가 코를 찌르고 수증기가 힘차게 뿜어 나온다. 이름처럼 마치 지옥에 온 것 같은 착각이 든다. 상징인 도깨비상도 으스스하다. 간헐천에서는 괴음과 함께 물줄기가 분수처럼 솟기도 한다. 거기서 솟아난 많은 종류의 온천수가 료칸으로 불리는 여관과 호텔로 공급되는 것이다.

삿포르 시를 조금만 벗어나면 설경이 끝없이 펼쳐진다. 마치 숨이 멎을 듯하다. 설경을 보고 있노라면 내 머릿속의 갈등도 번뇌도 사라진다. 눈 위에 조용히 누워본다. 포근하다. 두 팔도 마음껏 뻗어본다. 뭉게구름 속에 천사가 웃기에 나도 웃어 준다. 조용히 눈을 감아본다. 나도 모르게 김진섭님의 수필 '백설부' 의 한 대목이 떠오른다.

'백설이여! 잠시 묻노니, 너는 지상의 누가 유혹했기에 이곳에 내려오는 것이며, 그리고 또 너는 공중에서 무질서의 쾌락을 배운 뒤에, 이곳에 와서 무엇을 시작하려는 것이냐?'

다시 눈을 떴다가 감아본다. 일본 영화 <러브 레터>의 한 장면이 떠오른다. "오겡끼 데스까. 와따시와 겡끼데스. (잘 지내나요! 저는 잘 지내요!)" 라고 말하면서 죽은 지 2년 된 이츠기의 약혼녀 와타나베 히로코가 설원을 달려오고 있다. 일본에서도 한국에서도 엄청난 인기를 얻은 순정 영화의 한 장면이다. 중학교 졸업 앨범에서 연인의 옛 주소를 발견하고 그리운 마음에 편지를 띄운다. 하지만 며칠 후, 죽은 이츠키에게서 답장이 날아온다. 히로코는 답장을 한 사람이 그와 동명이인인 중학교 여자 동창이라는 것을 나중에 알게 된다는 영화이다.

그 뿐인가? 40년도 더 된 시골 중학시절의 토끼몰이가 생생히 떠오른다. 매년 12월 겨울 방학을 앞두고 전교생은 학교 근처 산으로 토끼몰이를 했다. 학생들은 각자 준비한 막대기를 가지고 산을 에워싼다. 그런 후 산 꼭대기에서 부는 음악 선생님의 트렘펫 소리를 신호로 일제히 소리를 지르면서 좁혀 들어간다. 뒷다리에 비하여 앞 다리가 짧은 토끼는 반드시 산꼭대기 방향으로 도망가는 것을 시골 출신들은 잘 알고 있다. 산 정상에 있는 학생들이 올라오는 토끼를 두들겨 잡는 것이다. 눈이라도 오는 날이면 운치가 더해져 한바탕 신나는 놀이판이 된다.

내가 기억을 되새김질하며 상상의 나래를 펴고 있는데 친구가 나를 부른다. 눈을 떨며 일어나니 내 누운 모습의 사진을 보여준다.

"그래! 좋다. 이 사진을 잘 간직했다가 언젠가 손자손녀가 생기면 할아버지 환갑 때 찍은 것이라며 보여줘야지."

짧은 3박4일의 여행이었음에도 불구하고, 이번에는 오래 기억에 남을 즐거운 추억을 만든 것 같다. 그러면서 언제나 그랬듯이 '떠나지 말아야 할 여행은 없다' 는 것을 새삼 확인하게 된다.

(합천신문, 2015. 2.) ♣

아프리카 적도에 핀 문학

아침마다 Y셔츠에 넥타이 차림으로 직장을 향하여 종종 걸음을 했던 생활도 어느새 40년이 넘었다. 다람쥐 쳇바퀴 도는 생활인데도 뭐가 바빠 그간 아내와 함께한 해외여행은 한 손으로 꼽을 정도다. 그만큼 직장에 충실한 증거라고 궤변도 늘어놓곤 하지만 미안할 뿐이다. 그렇게 생활하던 2013년 8월말, 그동안 꿈만 꾸던 아프리카 동중남부 여행할 기회가 왔을 때 나는 만사 제치 놓고 떠났다.

남아프리카 교통의 중심지인 요하네스버그를 거쳐, 요하네스버그를 떠난 지 4시간 만에 케냐의 나이로비 공항에 도착했다. 가이드는 나이로비 공항 청사가 얼마 전에 전기 누전으로 큰 화재가 발생했다며, 입국 수속을 걱정한다. 아니나 다를까. 공항청사 벽은 곳곳이 검게 그을려 있고, 야외에 설치한 임시 천막에서 입국수속을 마쳤다.

여행이란 돈 내고 고생하는 것이지만, 벌써 집 떠나온 지 1주일이 지났다. 그 사이 세계 3대 폭포의 하나인 빅토리아 폭포(Victoria Falls)를 보기 위해서 이름조차 생소한 짐바브웨, 잠비아, 보츠와나 국가를 거치면서, 우리와 다른 여러 풍습을 봤다. 오늘은 우리 음식을 먹고 싶다는 생각이 간절히 드는데, 때마침 저녁 메뉴는 나이로비 김치찌개라기에 먹기 전부터 군침이 돈다. 막상 먹어보니 우리 음식과는 여러 모로 다르지만 그나마 우리 음식에 대한 식탐을 잠재워주웠다.

다음 날 아침 우리는 사바나 속에 있는 암보셀리 롯지(Amboseli Lodge)라는 마을로 향했다. 말만 듣던 사파리(Safari)를 체험하기 위해서다. 가이드는 도로 사정이 좋지 않으니 각오를 단단히 할 것을 강조한다. 정말 비포장도로를 고생 고생하여 6시간만에 사바나 숲속 롯지에 도착했다. 온몸은 먼지투성이고, 피곤하다. 가이드는 큰 사고 없이 도착한 것에 대해 오히려 감사할 일이라고 위로한다.

롯지는 우리의 토담집 같았다. 내부는 침대 두 개에 화장실이 딸려 있을 뿐이다. 전화기도 없고, 밤 10시면 전깃불도 끊어진다. 문명사회와 거리가 있어 불편하지만, 아내는 사바나에는 이런 것이 제 격이라며 좋아한다. 롯지 밖 공기가 신선하다. 아프리카에서 제일 높다는 킬리만자로(높이 5895미터)가 저 멀리 구름 위로 하얗게 보인다. 킬리만자로의 표범이라는 조용필의 노래 가사 한 구절이 떠오른다.

"나는 하이에나가 아니라 표범이고 싶다. 산정 높이 올라가 굶어서 얼어 죽는 눈 덮인 킬리만자로의 그 표범이고 싶다. 구름인가 눈인가 저 높은 곳 킬리만자로."

롯지 옆으로 개울이 흐른다. 건기 철이라 그런지 몰라도 분명 개울 크기밖에 안 되는데 마라강(Mara River)이라 하니 혼란스럽다. 그리고 우리가 머문 롯지는 북위 1도 적도(赤道) 근처인데 기온이 헷갈린다. 선선할 뿐이다. 낮 햇볕은 따갑지만, 아침저녁으론 선선하다. 아니 춥기까지 하다. 이다. 나중에 안 일이지만 케냐에서도 같은 위도의 항구도시 뭄바사는 매우 덥단다. 이는 나이로비나 우리가 묵고 있는 롯지는 해발 평균 1700미터 고도에 있기 때문이란다.

롯지 주위는 마치 식물원이라고 해도 될 정도로 나무며 꽃들로 잘 가꾸어져 있다. 우산 아카시아(umbrella acacia)는 우산처럼 생긴 것이고, 햇빛에 반사되면 노란 빛을 발하는 것은 노란 아카시아라고 하는데, 가시가 없는 것이 특이하다. 아카시아 나무 밑을 걷고 있는데, 곳곳에 헤밍웨이 이름이 붙어 있어 알아보니 이곳에서 헤밍웨이는 《킬리만자로의 눈(The Snows Of Kilimanjaro)》이라는 자전적 소설을 집필하였다는 것이다.

우리 부부는 헤밍웨이 룸이라 붙여진 카페에서 커피를 주문하니, 진한 커피 향이 코와 입으로 서서히 스며든다. 헤밍웨이는 작품을 구상하기 위해 미국에서 이 오지까지 고생을 마다하고 왔다. 소설의 줄거리는 중년 소설가가 아프리카의 오지로 사냥 여행을 나섰다가 킬리만자로의 기슭에서 패혈증으로 죽음의 고비에 이른다. 빈사 상태에서 지난 날 초원에서의 여러 추어, 즉 맹수 사냥, 첫 사랑의 아픔과 갈등 등을 떠올리며 반성한다. 그러다가 여자친구의 도움으로 기적적으로 살아서 다시 문명사회로 돌아온다는 이야기이다. 영화도 제작되었다. 문명과는 동떨어진 듯한 이곳 적도에서 위대한 작품이 탄생했다는 사실이 새삼 놀랍다.

케냐를 배경으로 한 유명한 문학 작품 중 빼놓을 수 없는 것이 있다. 덴마크 출신 여류 작가인 카렌 블릭센의 《아웃 오브 아프리카(Out of africa)》이다. 이 소설은 카렌 블릭센이 나이로비 근교에서 17년간 보낸 생활을 소설화 한 것이다. 영화도 그녀의 탄생 100주년을 기념하기 위하여 1985년에 제작하였다. 이야기의 시작은 막대한 재산을 소유한 카렌이 아프리카 생활을 막연히 동경해 친구 블릭센과 결혼하여 아프리카로 온다. 그러나 결혼한 이후 여러 문제로 부부사이가 원만하지 못한다. 어느 날 광활한 초원에 나갔다가 사자로부터 공격받는데, 이때 데니스라는 남자의 도움을 받는다. 결국 카렌은 남편과 이혼하고, 데니스에게 청혼하지만 자유분방한 데니스는 거절한다. 카렌은 아프리카를 떠나 고향으로 가기로 한다. 그러나 카렌이 떠나기 직전 데니스가 카렌을 항구까지 바래다주기 위해 경비행기를 몰고 오다 그만 추락하여 죽는다는 줄거리이다.

케냐 정부는 카렌 블릭센을 기리기 위하여 생전에 살던 집을 기념관으로 운영하고 있으며, 실제 17년간 커피 농장으로 사용하던 일대를 카렌로(路)라고 이름을 붙여 기리고 있다. 그리고 나이로비 북서쪽 나이바샤호(湖)의 크리센트섬은 '아웃 오브 아프리카' 영화촬영지로 유명해 지금도 세계 각국의 수많은 관광객이 몰려들고 있어 지역의 위상은 물론이고 경제적으로도 많은 도움이 되고 있다. 덴마크는 덴마크대로 카렌의 초상화를 50크로네 화폐에 새겨 기념하고 있다.

아프리카를 여행하면서 덥지 않은 적도(赤道)도 신기하지만, 문학의 산실이 되어준 사바나가 한 없이 부럽기도 하다. 나는 '우리나라도 그런 소설가가 배출되어 기념관도 짓고 영화도 제작하면 얼마나 좋을까?' 라는 상상을 해본다. 내일이면 광활한 사바나에 나가 코끼리, 버팔로, 표범, 꼬뿔소, 사자 등 빅파이브(Big5)를 볼 것이라고 생각하니 롯지(lodge)의 촛불을 끌 수가 없다. 미지의 세계는 언제나 가슴을 설레게 하는가 보다.

(2013. 8.) ♣

4부 모른 체 하기엔 답답한 직업의식

상식과 다른 전문용어들

육지에서 자란 나는 대학 졸업 후 처음으로 목포에 출장 갔다가 '세발낙지' 가 별미라기에 발이 세 개인 낙지인가 싶어 호기심에 가득 차 따라 나섰다. 그런데 세발낙지의 다리는 일반 낙지와 같은 8개가 아닌가? 다리가 가늘다고 해서 한자로 가늘 세(細)를 붙여 '세발낙지' 라고 부른다는 것이다. 차라리 '세족(細足)낙지' 라고 하든가, '발 가느다란 낙지' 라고 부르면 좋았을 것이다. '산 낙지' 나 '산 오징어' 도 산에 사는 낙지나 오징어가 아니라, 살아있는 낙지란 뜻의 '생 낙지' 나 '생 오징어' 라고 부르면 전달이 더 잘 되지 않을까?

구치소에 면회를 간 적이 있다. 책과 영치금을 맡기려 신청서 양식를 기입하자 맡기는 사람을 '차입자' 라고 되어 있다. 차입자(借入者)란 '돈을 빌리는 자' 또는 '돈을 빌린 자' 란 뜻으로 보통 사용되는 말이다. 이를 '맡기는 사람' 이라는 뜻의 법률 용어 차입자(差入者)로 아는 사람은 법조계 관련자를 제외하면 거의 없다. 다행인 것은 이 정도의 표현들은 설혹 뜻을 오해한다고 해도 손해를 끼치지는 않는다.

그렇지만 용어의 원 뜻과 달리 오해함으로써 재정적으로 손해를 끼치게 되면 문제가 다르다. '기업의 언어' 라고 자처하는 회계에도 잘못된 것이 있다. 그런데도 관행이란 이름으로 개정하지 않고 사용하는 용어 중 하나가 신문이나 방송에서 자주 오르내리는 '대손충당금' 이다. 회계에서 대손충당금은 '대손에 대비하여 적립한 돈' 이 아니고 '대손예상액 '이란 뜻이다. 가령 "매출채권 잔액 100억 원에 대손충당금이 3억 원이다" 라면 대손에 대비하여 3억 원을 별도로 적립한 것이 아니고, ' '매출채권은 100억 원이나 3억 원은 대손이 될 것으로 예상하여 실제 회수는 97억 원 밖에 안 된다' 는 뜻이다.

그러나 전문적인 회계 지식이 없는 사람들은 대손충당금이라고 하면 '떼일 것을 대비해 쌓아두는 돈' 이나 '적립한 돈' 또는 '충당금으로 쌓은 돈' 으로 이해하기 쉽다. 이렇게 이해하면 원뜻과 어쩌면 정 반대로 해석한다고도 할 수 있다. 물론 이러한 결과는 그렇게 해석하는 상식인의 잘못이 아니라 대손충당금이라는 용어 자체의 문제라고 할 수 있다.

오늘 펴든 신문에서도 '상반기 은행 대손충당금 5조4000억 원, 순익의 2배' 라는 제목의 기사가 실려 있다. 이 기사를 보면 대손충당금에 대한 친절한 설명을 덧붙여 하고 있는데, 그러한 설명에서조차 대손충당금이라는 낱말의 뜻을 오해하도록 만들고 있다.

'국내 은행의 당기순이익은 1조1000억 원으로 지난해 같은 기간(2조1000억 원)에 비해 48%나 줄어들었다. 저금리의 영향으로 지난해에 비해 9000억 원이나 줄었다. 또 부실채권이 늘어나면서 은행이 쌓아야 하는 대손충당금도 늘고 있다. 대손충당금은 대출을 받아간 기업이나 개인이 자금난 등으로 부실화되면 은행이 떼일 것을 대비해 쌓아두는 돈이다. 대손충당금으로 5조4000억 원을 적립했다. 상반기 은행 순이익(2조8000억 원)의 거의 두 배 가량을 충당금으로 쌓은 셈이다.'

이 기사에서 기자가 전하려고 하는 내용은 '올해의 은행 실적은 전년도보다 48%나 감소하였고, 그 주된 이유는 채권 부실화 때문이다' 라고 말하고 싶었을 것이다. 그런데 정작 기사 내용은 대손충당금은 '떼일 것을 대비해 쌓아두는 돈' 이나, '적립한 돈' 또는 '충당금으로 쌓은 돈' 으로 보충설명을 해서 오히려 잘못 이해하도록 하고 있는 것이다. 그래서 상식을 지닌 사람들마저 대손충당금이란 낱말에 현혹되어 대손에 대비한 충당금으로 이해하거나 인식하도록 만들고 있으니 안타까운 일이다. 그러나 그 원인이 '대손충당금' 이라는 용어에서 연유된 것이지, 대손충당금을 '대손예상액' 으로 이해하지 않는 분들의 잘못이 아니다.

대손충당금의 회계상 뜻은 "대손을 예상하는 금액" 이므로 ,즉 '대손' 을 얼마만큼 예상하느냐에 따라 자금과는 아무런 상관없이 이익을 변경시킬 수 있다. 앞의 예에서 매출채권 잔액은 100억 원인데 예상되는 대손 추정액 즉, 대손충당금을 5억 원으로 보게 되면 3억 원으로 보는 것보다 이익이 2억 원 줄어들게 된다. 이처럼 대손충당금은 자금은 건드리지 않고서 이익을 조작하는 전형적인 회계분식 수법의 하나로 악용되기도 한다.

이 외에도 회계에서 사용하고 있는 용어 중에는 적립금, 유보금, 잉여금 등 용어 끝에 '금' 이 붙는 계정과목이 많다. '금' 이 붙은 용어라서 그런지, 이를 예금의 적립 또는 잔고와 관련이 있는 것으로 오해하는 경향이 있다. 회계 지식이 없으면 그렇게 오해하는 것도 무리가 아니다. 왜냐하면 유보금을 예로 들면 유보액은 돈으로 적립하여 보유할 수도 있고, 채권으로 가질 수도 있으며, 때로는 이미 돈은 투자하여 보유하는 돈은 없을 수도 있기 때문이다. 따라서 최소한 '00금' 대신 '00액' 으로라도 수정하면 어떨까 한다.

차변(借邊)과 대변(對邊)이란 용어도 무슨 심오한 뜻이 있는 것이 아니다. 탁구대의 좌우가 있듯이 복식부기로 장부를 기록하기 위해서는 왼쪽과 오른쪽의 두 칸이 필요하다. 이 때 왼쪽을 차변이라고 하고, 오른쪽을 대변이라 할 뿐이다. 그래서 차변 대신 좌변, 대변 대신 우변으로 치환해도 전혀 이상이 없다. 오히려 초보자도 이해하기 쉬울 것이다.

한편 올해가 대한제국(1897~1910)이 선포된지 120주년이다. 120주년을 맞이하여 학계에서는 대한제국을 재평가할 필요성을 제기하고 있으며, 특히 식민사관적 용어인 아관파천(俄館播遷, 1896)은 아관망명 또는 아관이어(俄館移御)로, 갑오경장은 갑오왜란으로, 또 을미사변은 을미왜변으로 변경하는 것이 마땅하다고 주장하고 있다.

차제에 법률이나 회계에서 비록 관행으로 사용하고 있다 하더라도 잘못된 것이나 심각한 오해를 주는 전문용어는 수정 또는 개정하는 것이 바람직하다. 그건 빠르면 빠를수록 좋다. 그래야 지금도 잘못된 개념을 익히느라고 고생하는 후학들이나, 건전한 상식인들에게 참뜻을 두고 오해하도록 하는 일이 일어나지는 않을 것이다.

(월간 공인회계사, 2013. 12.) ♣

현금 잔액과 이익금

2대째 가업으로 유치원을 운영해온 새싹유치원은 저 출산의 어려움에도 불구하고 성장을 거듭하고 있다. 이렇게 된 데에는 정다운 원장의 경영능력이 뒷받침 되었다. 정 원장은 백년대계인 교육의 기초가 잘 유지될 수 있도록 정성을 다한 결과, 원생들이 늘어가면서 시설 투자를 하였고 이는 질 좋은 교육으로 이어졌다. 정 원장은 '어떻게 하면 고객인 학부모의 기대나 어린이들의 눈높이에 맞는 교육을 할 수 있을까?' 를 밤낮으로 생각하며, 낮에는 선생님들과 학부모의 상담으로 시간을 보냈다. 그리고 저녁에는 늦은 시간까지 집무실에 앉아 이런 저런 고민을 하곤 하였다.

정 원장은 내심 올해가 가기 전에 그동안 고생한 선생님들과 직원들에게 나름대로 성의를 보여야겠다고 생각했다. 정 원장은 새싹유치원을 이만큼 번창시킨 자신의 경영능력이 자랑스러웠다. 그러나 그런 정 원장도 말 못하는 아킬레스가 하나 있었다. 숫자만 나오면 정신이 멍해지는 것이다. 123,456을 읽는데도 바로 읽지 못하고, 뒤에서부터 손가락으로 더듬거리면서 일, 십, 백, 천, 만, 십만 하면서 겨우 읽는다.

오늘날 우리가 쓰는 1, 2, 3, 4 등의 숫자는 인도에서 발명되어 아라비아 상인을 거쳐 유럽으로 전파된 것이기에, 인도-아라비아 숫자라고 한다. 인도-아라비아 숫자는 Ⅰ, Ⅱ, Ⅲ 등의 로마 숫자나, 一, 二, 三, 四 등의 중국 숫자에 비하여 쓰기가 쉽고 편리하다. 더 중요한 것은 0(zero)을 발명하여, 이를 십진법(十進法)으로 정립했다는 점이다. 십진법은 우리의 손가락 발가락 개수와도 일치하여 친근감을 줄 뿐만 아니라, 높은 단위의 숫자를 쓰는데도 매우 편리하다.

숫자가 커지면 이를 알기 쉽게 구분하는 것이 필요하다. 영미계통은 Thousand, Million, Billion, Trillion에 맞춰 3자리마다 콤마(,)로 구분한다. 가령, 10억 원은 1,000,000,000 원처럼 표시하고, 1,000 백만 원 또는 1,000,000 천 원 등으로 줄여서 표기하기도 한다. 우리에겐 다소 어색한 표현이다. 세계 경제를 이들이 주도하면서 가는 한 우리는 따를 수 밖에 없는 현실이다.

그러면 동양은 어떤가? 우리나라와 중국 같은 동양권에서는 수를 나타낼 때 만(萬), 억(億), 조(兆), 경(京)이라고 했기 때문에 4자리마다 콤마(,)로 구분하는 것이 읽기에 쉽다. 예를 들면 10,0000,0000 원와 같이 구분하면, 10억(億)원임을 알아보기 쉽다. 그래서 이승만 정부까지는 4자리마다 쉼표를 써가며 숫자를 구분하여 표시했다.

그런데 1961년에 계량법을 제정하여 서양식 표기로 통일시키면서 지금과 같은 영미계통의 3자리수 표시로 바꾸었다. 그 때 바뀐 것은 이것뿐만 아니라 표준시와 도량형도 바꾸었다. 우리나라 표준시도 137도 30분에서 135도로 바꾸었고, 도량형도 서양식 미터법으로 바꾸었다. 당시 정부가 내세운 이유는 세계시간이 나라마다 1시간 간격으로 되어 있다는 점과 도량형은 세계적으로 표준화되어 통일시키는 것이라고 했다.

정 원정은 어느 날 통장을 모두 모아놓고 계산기를 두드려 보다가 갑자기 정신이 아찔했다. 그동안 회계 담당자로부터 올해는 약 1억 원 정도의 이익이 발생할 것이라는 보고를 받아왔는데, 통장 잔고가 겨우 2천만 원 밖에 없지 않은가? 정 원장은 출납 사원이 돈을 빼돌렸나 하는 의심으로 밤새 뒤척이다가 다음날 아침 회계 담당자를 추궁하였다. 그랬더니 그녀는 다음과 같이 조목조목 해명하는 것이 아닌가?

먼저 1) 전기 이월액 : 1천만 원에 2) 총수익 : 3억 원, 3) 인건비 등 관리비용 지출 : 2억 원(현금지출이 없는 감가상각비 0.1억 원 포함), 4) 시설투자 : 1억 원을 가감하면 5) 현재 통장 잔액 : 0.2억 원이 나온다는 것이다. 이를 다시 정리하면 통장 잔액 0.2억 원의 계산은 『 0.1억 + 3억 - (2억 -0.1억) - 1억 = 0.2억 』 이라고 똑 부러지게 설명하였다. 그 말을 듣고 원정이라고 있으면서도 쉽게 이해하지 못한 자신의 무지가 더 미웠다.

"괜히 일 잘하는 여직원만 오해했네. 그런데 지난 1년간 원생도 많이 늘어나고 자금이 풍족하다고 생각했는데 남는 게 고작 이것뿐이라니…"

정 원장은 한숨을 푹 내쉬면서, 지난 1년 동안 유치원 경영을 잘못한 것인지도 모른다며 자책하였다. 투자한 사실은 잊은 채 말이다. 어쨌거나 앞으로 유치원을 안정적으로 운영해 나갈 수 있을까 하고 생각하면서 새로운 고민에 휩싸였다.

이익이 발생하고 있음에도 경영을 잘못하여 파산하는 경우도 있다. 이를 흑자도산이라고 하는데, 대금을 회수하지 못하거나 과도한 투자로 인하여 현금 부족 또는 자금유통이 안 되는 상황에 해당된다. 흑자란 옛날 정(正)의 수는 검은 글씨로 썼고, 부(負)의 수, 곧 음수는 붉은 글자를 쓴데서 흑자, 적자란 말이 유래하였다. 회계에서 이익이란 수익에서 비용을 차감한 수치가 '+' 인 것을 의미한다. 따라서 새싹유치원의 회계상 이익은 총수익 3억 원에서 인건비 등 관리비용 2억 원(현금이 수반된 관리비용 1.9억 원 및 10년간 사용할 시설투자에 대한 당기 감가상각비 0.1억 원)을 차감한 1억 원이 된다. 다만 이 1억 원의 이익은 시설투자비로 지출하였기 때문에, 현금 잔액은 0.2억 원밖에 되지 않는다. 즉 기말현금잔액 0.2억 원은 전기이월액 1천만 원과 당기 관리비용 2억 원 중 현금이 지출되는 않는 감가상각비 0.1억 원을 합친 금액이다. 이상을 요약하면 '회계에서의 이익이란 통장잔액이 아니다. 회계에서의 이익이란 발생주의 회계에 기준하여 산출된 것으로 현금주의 기준에 의한 통장잔액과는 차이가 있다' 는 것이다.

그런데 정 원장은 아무리 생각해도 솔직히 잘 모르겠다. 친구 남편이 공인회계사라는 말을 들었는데, 이 참에 개인적으로 과외라도 받아야하는 건 아닐까 생각해본다.

(월간 유아, 2016. 8.) ♣

헷갈리는 갤런과 리터

환갑을 맞이한 아내를 위해 이벤트를 기획한 아들 덕분에, 우리 부부는 미국의 라스베이거스로 향했다. 그랜드 캐니언, 옐로스톤 등을 관광하기 위해서다. 보름간 대략 5,000 킬로를 자동차로 움직일 예정인 이번 여행은 힘들겠지만, 오랜만에 갖는 가족 여행이어서 은근히 기대되고 약간은 설레기까지 한다. 서울에서 부산까지 거리의 12배요, 중국 동서 간 길이 5,200km와 비슷하며, 미국 대륙 동서간 거리 4,000km보다 더 먼 거리를 이동해야 한다.

첫 목적지는 그랜드 캐니언이다. 고속도로에 진입하기 전에 아들은 주유소에 들려 기름부터 채운다. 셀프 서비스인데다 요금 단위가 우리나라와 다른 갤런(gallon)이라 그 기름량이 쉽게 계산되지 않는다.

"1갤런이 정확하게 몇 리터(ℓ)이지?"

"3점 얼마인데… . 아, 3.7인가 그런데요, 정확히는 모르겠어요. 아이 참, 아버지는 편히 여행이나 할 것이지 첫날부터 시험 보세요?"

"시험이 아니고, 우리나라의 휘발유 가격과 비교해 보려 물은 거야."

1갤런이 3.785리터라는 말을 듣고, 나는 혼자 중얼거리며 계산해

본다.

"자, 1갤런이 2.4불이니 1리터는 0.6불 정도네. 거기에 환율을 1,200원으로 환산하면 720원 쯤 되네. 그러면 우리나라의 기름 값의 반 값 정도 되나?"

숫자에 낯설지 않은 나도 머리가 복잡해진다.

"예, 반 값 정도 될 거예요."

"어쨌든 기름 값이 싸서 좋네."

우리의 대화를 잠자코 듣고 있던 아내는 못마땅한 모양이다.

"당신은 여기 여행하려고 왔어? 아니면 숫자 공부하러 왔어? 그냥 아들이 하는대로 두세요. 꼭 직업 티를 내려 하세요?"

'아내의 얘기도 맞다. 이제부터 조용히 구경이나 하지 뭐.'

우리가 탄 자동차가 고속도로로 들어선다. 달린지 얼마 안 되어 우리나라에선 보기 드문 지평선이 펼쳐진다. 나는 조수석에 앉아 밖을 본다. 나무 한 그루 집 한 채 보이지 않는 광활한 사막이다. 그 속에 우리 가족이 탄 차가 달려가는 아스팔트 도로는 마치 회색 도화지에 선을 그은 양 쭉 뻗어 있다. 오가는 차도 띄엄띄엄 보일 뿐이다. 그래서 그런지 아들의 운전 솜씨가 여유있게 보인다.

"운전 잘 하네. 시속 몇 킬로(㎞)로 달리는 거냐?"

"아, 75마일이니까 대강 120킬로 정도 되겠네요."

"과속하면 안 된다고 들었다."

"걱정 말아요. 크루즈(cruize)로 해 두었기 때문에 문제가 없어요. 크루즈란 일정 속도로 달리도록 해주는 장치인데, 한국의 도로에서는 별 도움이 안 되기 때문에 흔하지는 않을 거예요."

"그건 그렇고, 왜 75마일로 달리니?"

"저 앞에 보세요. 75 SPEED LIMIT이라는 안내판 보이죠?"

"아하! 알겠다. 저기 75란 숫자가 킬로미터(㎞)가 아닌 마일

(mile)이라 말이지?"

순간 주유소 주유량의 단위가 갤런인 것도 그렇고, 고속도로의 제한속도가 킬로미터(㎞)가 아니고 마일이라는 것이 은근히 불편했다.

"그런데 말이야. 미국은 세계 표준 도량형인 리터(ℓ)나 킬로미터(㎞)를 쓰지 않고 갤런이나 마일을 왜 고집할까?"

"그러게요. 미국 우월주의가 아닐까요? 인구가 3억 명이 넘고, 세계에서 제일 부강하니 불편하지 않겠죠."

"그렇다고 세계 표준 단위인 미터법을 사용하지 않다니 말이 되나?"

"아, 참. 미 대통령 선거가 내년인 2016년에 있는데요. 민주당 후보 중의 한 사람이 미국도 미터법을 사용하겠다는 공약을 했대요."

"그 사람이 누군가?"

"로드아일랜드 주지사를 했다는데…. 아, 링컨 채피(Lincoln Chafee)씨인가 그래요."

"그 분 훌륭하네. 그런데 미 유권자더러 자기들이 현재 사용하는 파운드법을 버리고 미터법을 사용하라고 하면 좋아하지 않을텐데 찍어줄까? 대통령을 선거로 뽑는 한 그 희망이 크지는 않을 것 같아 보이는데…. 일종의 중우정치가 되는 셈이지."

묵묵히 듣고 있던 아내는 드디어 폭발한다.

"당신 여기 왜 왔어? 그냥 구경이나 하자고요. 저기 산도 보고, 사진도 좀 찍고 말이요. 그리고 당신은 미국인이 아니잖아? 그렇게 걱정되면 우리나라나 고민해 보든지. 아니야, 우리나라도 당신 없이 잘 굴러가. 그러니까 당신이나 잘 하세요. 운전하는 아들 붙들고 힘들게 하지 말고요."

맞다. 내가 미국인도 아니고, 더구나 '미터법 보급 세계회장'도 아니다. 그런 내가 왜 미국이 세계 표준도량법인 미터니 킬로그램을 사용하지 않고 인치나 마일을 사용한다고 흥분한단 말인가?

문득 초등학교 시절이 떠오른다. 당시 학교에서는 미터법에 의한 도량형을 배우는데, 집에나 마을 사람들은 우리의 전통적인 척관법만을 사용하는 것이 아닌가? 자연히 혼란스러웠다. 방 크기를 말할 땐 '6자니, 9자니' 하였고, 쌀은 '1되니, 1말'이라고 했다. 더구나 전답은 '200평이니, 1마지기'라고 했다. 고구마나 토마토를 사고 팔 때는 단위를 '관(貫, 3.75 kg)'으로 했다. 잔칫날에 희생 제물인 돼지의 무게는 '100근(60kg)' 등으로 말했다. 학교에서 배운 내용은 실제로 전혀 도움이 되지 못했다. 어린 나이에도 '어른들이 사용하는 척관법에 문제가 없는 것 같은데 왜 학교에서는 가르쳐주지 않을까?' 하고 의심스러워했다. 당장 우리나라의 골프장만 해도 그렇다. 어떤 골프장은 거리 단위를 미터(m)로 하는가 하면, 어떤 곳은 야드(yd)로 한다. 미터에 익숙한 나로선 야드 골프장에 가게 되면 거리를 환산하느라 혼란스럽다. 우리나라의 아파트나 땅 거래도 아직 제곱미터(㎡)보다는 평을 사용하고 있어 미터법이 정착되지 않고 있다.

국제 미터법 협약은 1875년에 체결되었다. 그래서 우리나라도 1964년 1월 1일부터 거래나 증명용으로는 종래의 척관법(尺貫法) 사용을 금지시키고, 상품의 제작이나 수입 또는 광고도 못하도록 하고 있다. 공문서나 사문서, 신문, 방송에서 비법정 계량단위를 사용할 경우 광고주는 과태료를 물어야 한다. 미터법을 상거래와 일상생활에 정착시키려는 조치였던 것이다.

전 세계가 미터법을 사용하는데 세계최강인 미국이 이제 앞장서서 파운드법 대신 미터법을 사용하면 좋겠는데, 쉽게 바뀔 것 같지는 않다. 혹자는 '~무궁화 삼천리 화려강산~' 같은 우리나라 국가(國歌)의 가사부터 바꾸어야 한다고 주장한다. 10리는 4km이므로 '삼천리'는 '1,200km'에 해당한다. 웬지 1,200km라고 하는 것보다는 삼천리가 더 자연스럽게 느껴진다.

그러나 도량형의 통일은 필요하다. 그리고 이왕이면 미터법으로 통일되면 더 좋겠다. 우리를 태운 차는 그랜드캐니언을 향하여 시속 75 mile, 아니 시속 120km로 달린다. 아내 말처럼 구경이나 잘 하자.

(2015. 9) ♣

먹고 마신 세금

무더운 여름 더위가 마지막 몸부림을 치는 날, 반가운 전화가 걸려왔다. 지역은 다르지만 같은 시골 출신이라 대학시절에는 꽤 친했던 동기생이었다. 졸업하고 결혼을 한 뒤에도 왕래가 자주 있었다. 그러던 중 친구가 해외 근무를 하게 되면서 소식이 끊어졌다. 친구는 몇 사람을 수소문한 끝에 내 연락처를 알게 되었다면서 시간이 되면 식사나 하자는 것이다. 나는 반갑기도 하고, 딱히 급한 용무가 있는 것도 아니어서 바로 그날 동네 근처에서 보기로 했다.

친구는 멀리서 봐도 금세 모습을 알아볼 수 있어서 누가 먼저랄 것도 없이 서로 손을 흔들어보였다. 몸집이 좀 부른 것처럼 보였으나 얼굴은 20년 전 모습 그대로였다. 일단 가까운 카페로 갔다. 친구는 해외에 오래 산 경험을 살려 심심풀이로 무역업을 조그맣게 한다고 하지만, 재미가 제법 쏠쏠한 눈치다. 가족의 안부며 대학 때의 추억 등 이런저런 얘기를 하다가 바둑으로 화제가 옮아갔다.

"너 그 때 기억나니? 우리가 바둑 두다가 수업에 빠진 것 말이야!"

"그럼 기억나고말고. 다 이제는 추억이 됐네."

"그런데 너 요새도 바둑 두니?"

"당연하지!"

"오랫동안 해외에 있었는데 어떻게 바둑을 둬?"

"해외도 사람 사는 방법은 마찬가지지. 바둑을 자주 둔 것은 아니지만 해외까지 바둑판 들고 오는 열렬한 애기가도 간혹 있거든. 그런데 옛날엔 너는 나보다 두 수 정도는 아래였잖아."

"그 땐 그랬지. 지금은 안 그럴지도 모르지."

"정말? 아직 저녁 시간까지는 좀 이른 것 같으니까, 그럼 한 수 해 볼까?"

"나야 대환영이지. 도전하는 입장이니까."

막상 기원을 찾으려니 보이지 않는다. 겨우 낡은 건물 2층에 있는 기원을 발견하고 들어갔다. 사회의 흐름을 반영이라도 하듯이 흡연실과 금연실이 구분되어 있다. 흡연자인 친구는 비흡연자인 나의 눈치를 살핀다. 나는 비록 흡연자가 아니지만 담배 냄새가 싫은 정도는 아니어서 흔쾌히 흡연실에 자리를 잡았다. 평일이라서 그런지 한 쪽 모서리에 바둑을 두는 두 사람을 제외하곤 한가한 오후였다.

흑백을 가르니 내가 흑이었다. 한 30여 수를 뒀을까, 친구는 실력이 달라진 나를 보고 놀라는 기색이다. 옛날 생각을 하는지 친구는 연신 고개를 갸우뚱거리며 담배를 입에 문다. 판이 거듭 될수록 거의 줄 담배다. 친구의 줄 담배에도 불구하고 내가 3:1로 이겼다.

기원에서 나와 식당으로 자리를 옮겼다. 주량도 나보다 센 친구는 저녁 값을 계산하겠다고 침을 놓는다. 오래간만에 이야기를 하다보니 테이블에는 빈병이 빠른 속도로 쌓인다. 둘 다 취기가 약간 오른 상태가 되었다.

"너, 그 동안 모교를 위해 고생 많이 했어! 돈이야 못 벌었겠지만 그래도 보람이 있지?"

"보람은 무슨 보람? 약간 허탈하구만…"

"그래도 내가 들어보니, 네가 대학 행정에 기여를 많이 했다고들 하던데…"

"너야 말로 교육 자체는 아니지만 교육에 많이 기여했고, 지금도 확실하게 기여하고 있는데 뭐."

"그게 무슨 소리야? 너 요새 강의하더니만 선문답도 잘 하네."

"알고 싶니? 자세히 설명해 줄까?"

"그래, 그것 잘 됐다. 얼마나 잘 하는지 들어보자."

"그건 말이야, 네가 마시는 술에는 세금이 많이 붙는다는 거야."

"양주에 세금이 많이 부과되겠지?"

"대부분 사람이 그렇게 알고 있지. 아니 그렇게 되기를 기대하지. 그러나 양주보다는 서민들이 많이 마시는 소주와 맥주에 세금이 더 많이 붙어있어."

"정말 그래?"

"소주 회사를 예로 들어 볼까. 생산원가에 마진을 더한 것을 공급가액이라고 해. 그 공급가액에 맥주, 소주, 위스키는 똑 같이 주세를 72%나 붙인다 말이야. 물론 막걸리는 5%야. 그런데 술에는 주세 외에 뜬금없이 교육세를 주세의 30%나 부과하고 있어. 그런데 이것으로 끝나지 않아. 내부 공급가액에 주세, 교육세를 합한 총금액에 다시 부가가치세 10%를 붙여 공장 출고가가 되는 거야. 요약하면 공장출고가가 1,000원인 소주 한 병은 공급가액이 470원에, 주세 338원(주세율 72%), 교육세 101원(주세의 30%) 등 모두 530원의 세금이 붙어 53%가 세금이야. 이 중 교육세는 목적세이므로 반드시 교육 목적으로만 사용해야 하거든. 그러니 그동안 네가 마신 술로 인해 너도 모른 채 교육에 기여한 셈이지!"

"허허, 술에 교육세라니 아이러니하네. 어쨌든 내가 마신 술로 교육에 조금 기여했다니 기분은 나쁘지 않네. 그나저나 네 얘기를 들으니 지금껏 술을 마신 것이 아니라 세금을 마신거로구나. 재미있다 재미있어."

"친구야, 네가 피운 담배는 술보다 더 세금이 많다는 건 알아?"

"그건 또 무슨 소리야? 너 강의한다더니 제법이네 그려."

"담배도 말이야, 술과 비슷해. 네가 피우는 담배 1갑의 값이 4,500원이잖아. 정부가 얼마 전에 담배에 개별소비세를 신설하고 건강증진부담금 등을 올렸기 때문에 2500원짜리가 4500원으로 되었지. 담배 1갑 당 세금은 내 기억이 맞으면 담배 가격의 73.7%인 3,318원이지. 만약 하루에 한 갑씩 피우는 사람이라면, 1 달에 10만원 1년에 120만원의 세금을 내게 되는 꼴이야. 그래도 흡연자는 세금 낸다는 생각은 안하고, 비싼 담배를 피운다고만 생각하니 정부는 고맙지. 그건 소득세와 같은 직접세가 아니고 간접세라서 그래. 만약 정부가 너에게 소득이나 재산에 대해 월 10만원의 세금 고지서를 더 발부한다면 아마 너 불만이 크겠지? 그리고 더 재미있는 것은 담배에도 술처럼 교육세가 담배소비세의 30%가 붙는다는 사실이야. 그 교육세도 별도로 모아 교육시설 등에 투자하는 거야."

"그렇다면 애주가와 흡연자는 모두 애국자요, 교육에 기여를 하는 사람이구나."

"사실, 세금으로만 보면 그렇지."

"그런데 왜 우리나라가 갑자기 흡연자를 죄인 취급하는 거야?"

"나도 그건 네 생각과 동감이야. 규제는 해야 하겠지만 좀 심한 것 같고. 특히 겨울에 비즈니스맨들이 근무 시간에 건물 외곽에 모여 추위에 떨면서 담배 피는 것을 보면 안쓰럽기도 하고 보기에도 안 좋아. 그래서 비흡연자의 권리도 보호돼야 하지만 흡연자의 권리도 생각해야 할 때라고 봐."

"오랜만에 공부 많이 해 고맙다. 그나저나 시간이 꽤 흘렀다. 일어나자."

헤어지면서 친구는 묘한 표정으로 혼자 중얼거리는 소리가 좀 떨어진 나에게도 들린다.

"허허허, 그간 내가 마신 술은 술이 아니라 세금을 마신 것이고, 내가 피운 담배도 결국 세금을 피운 게로구나!"

(2016. 8.) ♣

역사를 바꾼 조세

조세란 '국가가 재정수요를 충당하기 위하여 법률에 따라 대가 없이 강제로 국민에게 징수하는 금전'을 말한다. 따라서 조세는 자발적인 기부금과는 구분된다. 조세는 본질적으로 국민의 재산권을 침해할 소지가 있다. 그래서 현대의 조세는 법률이 아니면 납부하지 않는다는 '조세법률주의'가 기본이다. 어쨌든 조세가 강제적이라는 면에서 납세자와 많은 다툼이 발생하기도 한다.

중국 춘추전국시대에 공자(B.C. 551~479, 73세)께서 어느 날 제자들과 함께 산책하며 문답을 하는데 여인의 울음소리가 산속 깊은 곳에서 들려왔다. 제자를 시켜 사연을 알아보니 작년에는 아버님이 호랑이한테 잡혀갔는데 올해는 남편마저 호랑이에게 물려가는 바람에 너무 억울하여 울었다는 것이다. 그러면 왜 진작 읍내로 이사하여 안전하게 살지 않았냐고 묻자, 그곳에는 "호랑이보다 더 무서운 세금이 있기 때문"이라고 대답하더라는 것이다. 가정맹어호(苛政猛於虎)라는 '예기'의 '단궁 하편'에 나오는 공자님 설화이다. 여기에서 가정(苛政)이란 가혹한 정치라는 뜻이지만, 세금을 무겁게 부과한다는 의미이기도 하다. 당시에 세금의 횡포가 얼마나 심했는지 짐작할 수 있는 대목이다.

예수님 시대로 가 보자. 신약성경에서 맨 처음에 나오는 마태복

음은 내용이 질서정연하고, 예수님의 교훈과 가르침이 4복음서 중에서 가장 많이 기록되어 있다. 그 복음서를 쓴 마태는 세리(稅吏) 출신이다. 당시 유대 사회에서 세리는 안정된 직장이기는 했지만 유대민족에게는 냉대와 비난의 대상이었다. 왜냐하면 세리들은 로마에 바칠 세금보다 더 많이 징수하여 개인적으로 착복하는 경우가 많았던 모양이기 때문이다.

800년 전 잉글랜드 왕은 존(John)이다. 그는 프랑스 혈통으로 영국 왕이라는 신분 외에도 프랑스 귀족으로서 프랑스 내에 자기 지분의 영토를 가지고 있었다. 그런데, 프랑스 내의 영토를 잃게 되자, 이를 찾기 위한 전쟁을 일으키고 영국 귀족들에게 많은 세금을 일방적으로 부과하였다. 이에 영국 귀족들이 1215년 일제히 항거하여 '평의회의 동의 없이 세금(scutage 또는 aid)을 부과할 수 없다'라는 '대헌장(Magna Carta)'을 만들고, 왕으로 하여금 강제로 서명하게 했다. 이 사건으로 '조세법률주의'의 개념이 탄생한 것이다.

미국 독립 전쟁의 발단이 된 것도 세금이다. 영국은 미국 식민지를 두고 프랑스와 싸워 이기자, 온갖 세법을 제정하여 식민지 주민들의 주머니를 쥐어짰다. 이에 주민들은 "대표 없이 세금 없다"는 구호를 외치면서 영국에 대항했다. 그리고 1773년 보스턴 항구에 정박 중인 영국 선박에 침입하여 배에 있던 차(茶) 상자들을 바다로 던져버렸다. 이 '보스턴 차' 사건이 미국 독립운동의 결정적인 도화선이 된 것이다. 이상은 조세가 역사를 바꾼 여러 나라의 사례들이다.

그렇다면 우리나라는 어떠했을까? 조선 숙종 때 지어진 것으로 알려진 <춘향전>에 실려있는 시를 보면 세정 부패가 어느 정도인지 짐작이 간다.

금준미주 천인혈(金樽美酒 千人血)
금으로 만든 잔의 맛 좋은 술은 백성의 피요

옥반가효 만성고(玉盤佳肴 萬性膏)
옥쟁반의 기름진 안주는 만백성의 기름이니

촉류락시 민루락(燭淚落時 民淚落)
촛농이 떨어질 때 백성들이 눈물 쏟고

가성고처 원성고(歌聲高處 怨聲高)
노래 소리 높은 곳에 원망 소리도 높더라

암행어사가 되어 나타난 이몽룡은 탐관오리를 바로 이 시 한 수로 응징하였다. 그러나 조선 후기 세도정치 때는 전정(田政) · 군정(軍政) · 환곡(還穀)의 3정이 극도로 문란해지면서 나라가 기울기 시작했다. 그 당시 3정의 문란이 어느 정도 극심했는지는 다산 정약용이 쓴 <애절양(哀絶陽)>이라는 시를 보면 명확하게 드러난다.

蘆田少婦哭聲長(노전소부곡성장)
노전마을 젊은 아낙 그칠 줄 모르는 통곡소리

哭向縣門號穹蒼(곡향현문호궁창)
현문을 향해 가며 하늘에 울부짖길

夫征不復尙可有(부정불복상가유)

싸움터에 간 지아비 못 돌아오는 수는 있어도

自古未聞男絶陽(자고미문남절양)
스스로 양근 자른 건 이제까지 들어본 일 없다네

– 다산 정약용의 시 <애절양(哀絶陽)> 일부

착취에 견디다 못해 남편이 자신의 생식기를 잘라버린 서러움을 노래한 시다. 당시 3정의 문란이 어느 정도였는지를 짐작할 수 있다. 이런 착취행위는 결국 고부군수 조병갑의 수세(水稅)가 계기가 되어 동학농민운동이 발발하게 된다. 또 동학농민운동은 청일전쟁을 유발하고, 청일전쟁은 다시 1910년 한일병합으로 이어져 500년 역사의 조선이 망하게 된 것이다.

이처럼 세금 문제는 어느 시대나 민감하다. 대가없이 강제로 징수하는 것이기 때문이다. 최근 우리나라에서도 '부익부 빈익빈' 현상이 갈수록 심화된다고 걱정하는 사람이 많아지고 있다. 신문기사를 보면 연봉 10억이 넘는 CEO도 많은 모양이다. 연봉이 10억원을 넘는다고 해도 그 자체에 대해 뭐라고 할 수는 없다. 다만 그 회사 종업원들과 비교하여 보수 수준이 어느 정도 균형을 이루고 있는지가 중요하다. 노름판에서 걷는 개평도 돈을 따야만 가능하듯 중산층과 서민들이 잘 살아야 나라가 튼튼해지고, 조세도 확보된다.

그런 면에서 개인 뿐만 아니라 기업에 대해서도 세금 정책은 매우 중요하다. 벤자민 프랭클린은 세상을 살면서 피할 수 없는 두 가지로, 죽음과 세금을 들고 있다. 이처럼 어느 나라에서 살건 세금은 피해갈 수 없는 존재이다.

조선 21대 임금인 영조가 호조에게 직접 적어 하사한 조세행정의

지침은 균공애민 절용축력(均貢愛民 節用畜力)이라고 한다. 세금을 고르고 평등하게 내도록 하여 백성을 사랑하고 씀씀이를 절약하여 국력을 축적한다는 뜻이다. 매년 연말이 다가오면 국가의 예산이나 개인 소득의 연말 정산에 관심이 증대된다. 그럴 때마다 세금이 역사의 흐름을 종종 바꾼 생각이 되살아나면서, 우리나라의 조세정책이 공평하여 조세선진국이 되기를 기대해본다.

(연세 MBA저널, 2016. 1.) ♣

회계의 차대변과 남녀 화장실 구분

점심에 먹은 생선회가 기어이 말썽이다. 아파오는 배를 더 이상 참을 수 없어 버스에서 내렸다. 정류장 바로 앞의 빌딩으로 들어가자마자 화장실을 향하여 엉거주춤 달린다. 그런데 입구에 들어서자 막 일을 끝내고 나오던 여인이 놀란 눈으로 소리를 지른다.

"어머나! 남자가 여기 왜 들어와요?"

"아? 남자화장실 아닙니까? 급한 바람에 착각…. 죄송합니다."

"빨리 나가세요. 빨리!"

금방이라도 설사가 나올 것 같다. 나는 뒤도 돌아보지 않고 황급히 뛰쳐나와, 옆 화장실의 용변기에 아슬아슬하게 앉았다. 용무를 마치고 나니, 겨우 정신이 든다. 그러나 혹시 여자화장실에서 소리치던 그 30대 여성을 마주치면 어쩌나 싶어 세수는 물론이고 세면도 하는 등 화장실에서 약간의 시간을 보낸 후에 조심스레 밖으로 나왔다.

오늘날 우리의 일상생활에 혁명적인 변화를 몰고 온 것을 들라면 자동차나 스마트 폰이 단연 으뜸이다. 그것 때문에 우리는 참 편한 세상에 살고 있다. 또 하나 더 들라면 나는 망설이지 않고 화장실 문화의 변화를 든다. 70년대까지 서울만 해도 대부분 가정에선 푸세식 화장실이라 인분을 치우는 날이면 역한 냄새에 오가는 사람은 코를 막으며 인상을 쓰기 일쑤였다. 오죽하면 '화장실과 처갓집은 멀수록 좋다' 는 속담까지 만들어졌을까? 그런데 사회가 변하면서 어느새 처갓집도 화장실도 가까운 곳을 선호하는 곳으로 변했으니, 이제는 속담마저도 바꿔야 할 상황이다.

우리나라 화장실 문화의 변화는 거주공간이 단독 주택에서 아파트로 이동하면서 시작되었다. 처음에는 조금씩 변화하다가, 1988년 서울 올림픽을 맞이하면서 화장실 문화는 한꺼번에 몇 단계 수직 상승하였다. 올림픽을 앞두고 우리나라 공중화장실이 청결해야 한다는 자생적 '화장실 정화운동' 이 호응을 얻어 이제는 세계인들이 부러워하는 선진 공중화장실 문화가 정착된 것이다. 공원이나 지하철 또는 고속도로 휴게소의 공중 화장실을 가보면 청결은 당연하고 청소담당자가 누구인지를 알 수 있다. 또 만약을 대비하여 여분의 화장지까지 준비해 둔 곳도 있고, 유럽의 도시 화장실과는 달리 우리의 공중화장실은 대부분 무료라는 사실에서도 푸짐한 인심까지 느낄 수가 있다. 또 우리나라 공중화장실이 깨끗해지니까 시민의식도 선순환 구조를 이루면서 거리나 환경에 시민의식까지도 높아지고 있다. 이처럼 높이 평가받는 화장실 문화를 세계에 더 널리 알리기 위해 2015년 봄에 경기도 수원시에서는 '해우재' 라는 화장실문화전시관까지 만들었다고 한다.

그날 급한 김에 실수를 하게 된 나는 화장실을 나오면서 출입구 문짝에 그려진 남녀 구분 표식을 자세히 살펴보았다. 처음 화장실에 들어가면서 착각을 했던 것처럼, 그곳 화장실의 남녀 표식 크기는 매우 작아서 쉽게 남녀구분이 되지 않았고, 또 남녀를 구분하는 디자인 표현도 어느 그림이 여자이고 어느 그림이 남자인지 쉽게 구분이 되지 않았다. 물론 나도 급하다보니 남녀를 구분한 그림을 잘 살피지 않은 잘못도 있지만, 그 때는 공교롭게도 남녀구분 표식이 그려진 화장실 문이 반쯤 열려 있었던 탓에 남여 표식자체가 잘 보이지 않았다. 그래서인지 문득 남녀 화장실 장소를 아예 왼쪽 또는 오른쪽으로 고정시켜 놓으면 이런 실수를 하지 않게 되지 않을까 하는 생각을 하게 되었다.

내가 공부하는 회계학에서 가장 중요하게 여기는 기본 요소은 자산과 자본, 그리고 부채이다. 또 회계의 특징으로 대차평균의 원리를 이야기하고 있는데, 이는 차변금액의 합계와 대변금액의 합계는 반드시 일치해야 함을 말한다. 그래서 회계 장부를 보면 왼쪽 칸에는 차변 금액인 자산을 적도록 되어 있고, 오른쪽 칸에는 대변이라고 하여 그 자산을 조성하게 된 원인인 부채와 자본을 기록하도록 되어 있다. 그런 탓에 자산은 오른 쪽에 가지 못하고, 부채와 자본은 왼쪽에 가지 못한다. 이처럼 회계에서는 왼쪽은 언제나 자산을 적어야 하고, 오른쪽은 부채와 자본을 적도록 하여 왼쪽과 오른쪽의 구분을 확실하게 함으로써, 어느 회사인건 그 회사에 관심을 가진 사람들이 회계장부를 살펴보면서 그 회사의 자금 흐름을 쉽게 이해하도록 해주고 있다.

지금 세계를 선도하는 우리나라 공중화장실이긴 하지만, 남녀 화장실의 위치와 표시를 살펴보면서 이를 보완하면 좋겠다는 생각이 들었다. 회계에서처럼 왼쪽과 오른쪽으로 남녀 구분을 해준다면 나와 같은 실수를 하지 않을까 하는 생각이 들었기 때문이다. 나뿐만 아니라 내 주변에서도 보면 남녀 화장실의 위치가 통일되어 있지 않기 때문에 의도하지 않은 실수를 하는 경우가 많이 일어나고 있다. 어떤 곳은 좌측에 남성 화장실이 있는가 하면, 또 다른 곳은 우측에 있어 용무가 급한 사람에게는 헷갈려서 종종 실수를 하게 된다. 특히 남자들의 경우에는 남자 화장실이거니 하고 무심코 들어갔다가 여자 화장실이라고 하여 낭패를 당한 경험이 한두 번은 있을 것이다. 골프장에 가보면 골프장마다 남녀 화장실의 좌우 위치가 다르고, 심지어는 같은 골프장의 그늘집마다 지어놓은 남녀 화장실의 위치가 따로따로이다.

또한 남녀를 구분하기 위해 그려놓은 표시 디자인을 보면 너무 멋을 부려 그려놓은 탓인지 치마와 바지의 구분이 쉽지 않은 경우도 많고, 그림만 있고 글자표시는 없는 경우도 많다. 또 글자나 그림을 출입문에만 표시한 경우도 있는데, 이런 경우에는 문이 열려 있으면 어디가 남자 칸이고 여자 칸인지 알 수 없어서 화장실 안쪽으로 고개를 들이밀고 확인하다가 오해를 받는 일도 생긴다.

지금도 주변에서 남자 화장실인줄 알고 들어갔는데 여성 목소리가 들려 후닥닥 뛰어 나왔다든지, 남자 화장실인줄 알고 지퍼를 내리면서 무심코 들어가다가 나오는 여성과 부닥쳐서 실례했다는 이야기를 듣곤 한다. 이같은 실수가 단순히 실수로 끝나면 좋지만, 심하면 성 범죄로 오해 받을 수가 있다. 만약 여성이 악의로 우긴다면 남성은 꼼짝없이 선의의 피해자가 되는 것이다. 그래서 회계학에서 왼쪽과 오른쪽을 명확하게 구분하여 사용하는 것처럼 남녀 화장실도 왼쪽과 오른쪽을 남녀로 구분하여 고정시킨다면 많은 이들에게 도움을 줄 수 있지 않을까 한다.

물론 기존의 화장실은 한꺼번에 바꾸기 힘들 것이기 때문에 천천히 바꾼다고 하더라도, 새롭게 짓는 건물의 공중화장실은 하나의 원칙을 정해 통일시키면 좋지 않을까 한다. 마치 자동차는 우측통행을 하듯이 말이다. 오늘도 시내에 일이 있어서 나왔다가 공중화장실에 앉아 '우리나라가 세계에서 제일 먼저 공중 화장실의 위치를 남녀에 따라 규정해 놓는다면 이는 곧 국제 표준기준으로도 자리를 잡을 수 있을 텐데…' 하는 엉뚱한 생각을 해본다.

(2015. 9.) ♣

훈련병과 세숫대야 재고실사

10여 년 전의 일이다. 모르는 전화가 걸려왔다.

"정병수씨 맞나요? 혹시 군대는 전투경찰 출신 맞나요?"

"예, 맞습니다만 누구신지요?"

"나, 정두진이야. 월미도에서 운전병으로 근무했던 두진이야."

"정두진? 알 것도 같다만, 너무 오래돼 얼굴이 떠오르지 않아 미안하네."

"너, 203전경 16기 맞지? 난 네가 생생하게 기억나는데 뭐. 몸이 좀 통통하지."

"그건 그렇고, 너는 요새 무슨 일을 해?"

"난 아직 경찰이야. 사실은 우리 동기생 모임이 있는데, 내가 총무야. 만나기만 하면 네 안부가 궁금하다기에 어렵게 수소문하여 전화하는 거야."

"어쨌거나 반갑다. 누구누구 모이니?"

"기억날지 모르겠지만, 최경식, 박병수, 원용섭, 이기성 등 20여명이 넘지. 한 번 모일 때마다 10명 이상은 참석해."

그리하여 30여 년 만에 군 동기모임에 나가게 되었다. 이미 부부동반으로 정기적으로 모임을 하고 있었다. 나는 형편상 자주 나가지는 못하고 1년에 한 번 쯤 나가 안부를 듣곤 했다. 군 동기들을 만날 때마다 40여 년 전 함께 훈련받고 고생했던 시절의 이야기가 빠지지 않는다. 이런 저런 군대 시절의 이야기를 하다 보니 기억에서 지우고 싶었던 훈련병 시절의 아픔이 되살아났다.

대학 2학년 1학기였으니, 벌써 40여 년 전 일이다. 집에는 내 밑으로 줄줄이 학교에 다니는 동생들이 있었다. 괜히 부모님께 미안한 마음이 들어 돌파구로 군 입대 지원을 생각했다. 그것은 휴전선 최전방에서 근무하는 민정경찰쯤으로 생각한 전투경찰에 지원했다. 인기가 있어서인지 체력테스트와 필기시험까지 보며 10 대 1이 넘는 경쟁이었다. 드디어 10월 2일 논산훈련소에 입소하면서 군복무를 마칠 때까지 집에도 오지 않겠다는 각오였다.

이미 수차례 들은 바 있는 대로, 수용소 내무반은 무거운 공기가 감돌았다. 글로 옮기기엔 적절하지 않은 언어폭력이 난무하고 구타가 일상적으로 벌이졌다. 디행히 수용소 대기소에서 이틀을 보낸 후 동기생 160명은 바로 25연대 훈련소로 이동했다. 내무반에 들어서자마자 침상 끝에 일렬로 세우더니 얼차려이다. 긴장하라는 뜻이다. 그런데 눈이 부리부리한 조교가 내 앞에 서더니 전혀 예상하지 못한 명령을 한다.

"너, 훈련병! 향도를 맡아!"

향도는 훈련생 대표쯤 되는 위치이다. 순간 '군대에선 중간만 해야 편하다'는 말이 떠올라 큰 소리로 말했다.

"전 능력이 없어 향도를 맡을 수 없습니다."

"뭐라고? 너 지금 뭐라고 했어?"

"향도를 맡을 수 없다고…"

내 말이 채 끝나기도 전에

"이 새끼가 지금…"

주먹 세례와 발로 수없이 차여 반 기절을 했다. 한 번도 경험하지 못한 구타로 만신창이가 되었고, 아픔과 서러움에 눈물이 흘렀다. 조교는 직성이 안 풀렸는지 기어이 나에게 2 분대장을 맡긴다. 내가 맡은 2 분대는 중대원 전원이 사용하는 화장실 청소 담당이었다. 향도를 거부한 죄는 언제 생길지 모르는 공포의 연속이었다. 분대 대원들이 아무리 청소를 열심히 해도 얼마 지나지 않아 더러워져서 지적 받을 일이 생기는 것이다. 그럴 때마다 분대장이 대표하여 질타를 받거나, 때로는 몽둥이 세례를 받았다.

어느 덧 전반기 훈련이 7부 능선을 넘어가던 날이었다. 화장실 담당 행정요원이라며 '세숫대야가 30여개가 없어졌다' 면서 책임을 지고 1주일 안에 채우라는 것이다. 내가 인수를 받은 적도 없지만, 외부와 단절된 훈련소이니 결국 분명히 돌고 도는 것일 텐데 말이다. 방법이래야 옆 훈련막사에서 들키지 않고 훔쳐오는 것이다.

나는 분대원 전원과 상의하였고, 결론은 세숫대야를 훔쳐오는 길 밖엔 없다는 점이었다. 그러나 누구 하나 단독으로 나서는 사람이 없다. 지원자가 없는 것은 고사하고 분대장인 나와 함께 행동하겠다고 나서는 이도 없었다. 다들 심장이 약하다거나, 사회에서 도둑질을 해 보지 않아 못하겠다는 등 변명만을 늘어놓는 것이다. 결국 분대장이 모든 책임을 지고 모험을 할 수 밖에 없었다.

군사 훈련은 주로 주간에 받지만 간혹 야간 훈련도 있다. 그런 경우 다음 날 주간에는 내무반에서 쉬었다. 마침 옆 동은 주간 훈련을 나가 막사가 텅 비어 있었다. 이때다 싶어 용감하게 옆 동의 화장실에 가서 나중에 잃어버릴 경우를 고려하여 50여개를 들고 사뿐사뿐 걸어 나왔다. 거의 우리 막사에 도착할 무렵, 저 뒤에서 큰 소리로 누군가 나를 부른다.

"야, 훈련병!"

나는 못 들은 체 하면서 뒤도 돌아보지도 않고 계속 갔다.

"야, 거기 가는 훈련병! 안 들려?"

이제는 짜증이 난 목소리다. 결국 옆 훈련막사의 행정실로 끌려갔다. 군의 물품을 도둑질한 현행범으로 잡힌 것이다. 심심해하던 서너 명의 행정병들이 군법에 처해야 한다면서 때리기 시작한다. 한 두 대의 주먹다짐으로 훈방할 것을 기대했던 나는 행정병들의 권투 연습용 샌드백이 되고 말았다. 쓰나미를 당한 초라한 신세가 되었으나, '이러면 안 된다' 는 양심의 소리도 없는 싸늘한 분위기였다. 온몸이 만신창이가 되어 아픔과 서러움에 막사 옆 공터에서 소리없이 울었다. 그날 밤 10시 취침 점호를 마치고 창가에 누운 나는 평상시 같으면 바로 잠이 들었을 텐데도 쑤셔오는 몸의 고통과 비애 때문에 잠을 잘 수 없었다. 그날따라 창문으로 비치는 달빛은 너무나도 밝았다.

아무리 군대라고 해도 재고 실사에는 원칙이 있다. 세숫대야의 관리책임을 분대장에게 맡기려면 세숫대야의 인수인계가 확실해야 하고, 변동사항에 대해선 분대장이 알고 있어야 일정 기간이 지난 후 재고실사에 대해서도 책임을 지을 수가 있다. 인수인계를 받은 적도 없고, 몇 개가 정확한 숫자인지도 모르는 분대장에게 어느 날 세숫대야 개수가 부족하다고 한다면 훈련병 직분으로 무엇을 할 수 있단 말인가? 훈련소라고 하는 폐쇄된 공간에서 재고 총수량은 같을 수밖에 없는 상황인데도 중대별로 차이가 난다고 하여 무조건 채우라고 한다면 결국 남의 중대에서 도둑질하는 상황에 몰리게 된다. 이 같은 부조리한 관리는 애꿎은 희생자만을 만들기 마련이다.

2014년 8월에 세칭 윤 일병 구타 사건으로 세상이 온통 시끄러웠다. 40년이 더 지났건만 부대의 고참병이 일병을 온몸에 피멍이 들 정도로 때려서 죽게 만든 아주 잔혹한 사건이었다. 윤 일병의 가해자는 1심에서 징역 45년을 받고 2심에서는 35년으로 감형 받았다는데, 어처구니없게도 벌을 받는 교도소 안에서 반성은커녕 수감된 다른 죄수 3명에게도 폭행과 성희롱을 하여 추가 기소까지 되었다고 한다. 가해자의 악한 DNA도 문제이지만 아직도 우리 군대 폭력이 존재한다는 사실에 아연할 따름이다. 북한 핵 때문에 연일 시끄럽고 불안도 증폭되고 있다. 이럴수록 우리 군대도 빨리 선진화된 문화로 정착되기를 기원한다.

(2016. 11) ♣

회계분식과 적정의견

평소 존경하던 분이 어쩌다 형사 사건에 연루되어 1심 재판 중에 법정구속이 되었다. 즉시 2심 고등법원에 항소하였으나, 구치소에 억류된 채 지내야만 했다. 다행히 6개월 만에 무죄로 석방되었다. 생전 처음 겪은 구치소라고 하는 이방인의 세계에서 마음고생이 얼마나 많았을까? 방 하나에 많은 사람을 수용하여 밤이면 칼잠을 지야 하고, 방에 붙은 회장실이 수세식이기는 하지만 그 변기 물로 식기를 닦아야 하며, 비속어가 난무하는 폐쇄 공간이다. 그 분은 생각조차 싫다며 눈시울을 붉힌다. 또 구치소 생활도 힘들었지만, 믿었던 사람이 악 소문을 퍼뜨리거나 구명 요청에 소극적일 때 받은 배신감이 더 큰 마음의 상처로 남은 모양이다.

나도 대학 시절에 경찰서 유치장에서 하룻밤 신세를 진 적이 있다. 구치소와 교도소는 유치장과는 전혀 다르다. 그런데 예상외로 주변에서 정확하게 아는 사람이 적은 것 같다. 어떤이는 구치소와 교도소는 같은 것이라 하고, 혹자는 구치소는 교도소라는 용어가 쓰이기 전의 옛 말이라고까지 우기기도 한다. 덧붙여 말한다면 '사람을 가두어 두는 곳' 이라는 점에서는 유치장이나 구치소나 교도소는 모두 같다. 그러나 유치장은 경찰서에 설치한 것이고, 구치소는 수사 중이거나 재판 중인 미결수가 임시로 머물러 있는 곳이며, 교도소는 징역 판결이 확정된 기결수가 징역형을 받는 곳이다.

회계에도 전문가가 아니면 감을 잡기는 하지만 잘못 이해하는 용어가 더러 있다. 그 중의 하나가 2016년 내내 정치 또는 경제란에 오르내린 회계분식(會計粉飾)이다. 아래 신문기사를 보자.

'대우조선해양은 해양플랜트 사업의 공사진행율을 과다 산정하는 방식으로 2013년에 영업이익 4407억원과 당기순이익 3341억원을 과다 계상했고, 2014년에는 영업이익이 1조935억원과 당기순이익 8289억원을 부풀려졌다. 감사원은 2013년~2014년 영업이익을 기준으로 하면 1조5342억원의 분식회계 정황을 포착하고, 이같은 내용을 금융감독원에 통보했다. 대우조선해양은 이처럼 분식회계가 이뤄진 재무상태에 근거해 임원 성과급 65억원과 직원 성과급 1984억원을 지급했다.' (2016.6.15. 미디어펜, 김연주 기자)

위 기사를 회계전문가가 아닌 일반 상식인은 어떻게 이해할까? 먼저 분식이란 밀가루로 얼굴을 분장하면 본 모습이 감춰지는 것과 같이, 기업이 고의로 자산이나 이익을 부풀려 재무상태나 경영성과를 조작하는 행위를 말한다. 왜 그렇게 할까? 분식회계가 무엇이길래 수많은 경영자를 유혹하는 것일까?

이렇게 함으로써 사장은 실적을 높였다는 이유로 경영능력을 인정받게 된다. 그로 인해 사장직을 연임할 수도 있고, 자본시장에서 자금을 쉽게 조달할 수 있으며, 주가나 자산가치를 높일 수가 있다. 그 대신에 회계분식이 된 재무제표 또는 사업보고서를 믿고 투자했다가 주가가 폭락하여 피해를 볼 수가 있다. 심하면 파산을 하고, 그 회사 사원들의 가정이 무너질 수도 있다.

회계분식이라고 하면 혹시 비자금과 관련되거나, 막연히 돈을 빼돌렸다고 생각을 할지 모르겠다. 그러나 회계분식 자체는 비자금이나 돈을 빼돌리는 것과는 거리가 멀다. 만약 회삿돈을 빼돌린다면 회계분식의 문제를 넘어 형법상 횡령이 되기 때문이다. 그래서 분식회계는 현금과는 관계없는 방법으로 이익을 조작하는 행위라고 할 수 있다.

그럼 현금을 손대지 않고도 분식하는 방법에는 어떤 것이 있을까? 첫째로, 허위로 없는 판매를 기록하는 행위가 있는데, 이는 '가공매출액 계상' 이라고 한다. 이 경우에 당기순이익은 가공한 숫자만큼 올라간다. 물론 이 방법은 우선 넘어갈 수 있으나 임기응변인데, 그 뒤처리는 복잡해질 뿐만 아니라 종국에는 들통이 나도록 복식부기가 구조화되어 있다. 둘째로는, 실제로 없는 재고자산을 있는 것처럼 또는 재고가 있기는 하지만 많이 있는 것처럼 조정하는 경우가 있다. 복식부기에서 기초재고와 당기 구입액을 '판매 가능한 총원가' 라고 한다. 여기에서 재고자산을 크게 하면 매출원가가 작아져 이익이 커지고, 반대로 재고자산을 작게 하면 매출원가가 커져 이익이 적게 산출되도록 구조화되어 있기 때문이다. 셋째로는, 감가상각비나 대손상각비 등의 비용을 과소계상하여 이익을 증대시키는 경우다. 여기에서 대손상각이니 감가상각비이니 하는 것은 돈이 지출되지 않는 대표적인 비용이다. 감가상각비는 장기간 사용하는 기계나 건물의 구입가를 사용기간 동안 합리적으로 배부하는 것에 불과하므로 돈이 따르지 않는다. 그런데 올해에 배부할 금액이 10억원이라야 합리적인데도, 만약 3억원만 배부하고 7억원을 배부하지 않는다면 그 차액만큼 실적이 좋은 것처럼 나타난다. 넷째로는 특정시점의 광고비를 대폭 삭감한다든지, 연구개발비를 축소하여 이익을 증가시킬 수도 있다. 이런 경우는 그

해의 이익은 좋아질지 모르지만 그 다음 해부터 회사가 위축되어 내리막길을 갈 수 있다. 다섯째로는, 대우조선해양처럼 공사진행율 또는 공사진척도를 실제보다 높게 추정하는 것이다. 장기간에 걸쳐 공사가 완성되는 플랜트공사나 건설회사의 건물 도급은 1년마다 하는 결산에 앞서 공사진척도를 추정하는데 합리적으로 하면 아무 문제가 없을 것이다. 그런데 올해 진척도, 즉 진행률을 자의적으로 높게 잡으면 나중에는 왕창 결손이 나더라도 당장 올해는 이익이 난 것처럼 조작할 수 있다. 즉, 돈 하고는 상관없이 이익조작 즉 회계분식을 할 수 있다. 앞에서 열거한 5가지 회계분식 방법은 모두 현금 지출과는 관련이 없이 이익을 조정하는데 특색이 있다.

회계분식은 우리나라에만 문제로 나타나는 것이 아니다. 지난 1990년대 이후 미국 역사상 최악의 회계부정 기업으로 에너지 그룹 엔론을 든다. 엔론은 실제 소유 시설도 없고 에너지 거래도 전무했지만, 허위로 막대한 선물거래를 했다가 투자자들에게 많은 피해를 주었다. 2001년 말에 엔론이 파산하자, 엔론의 회장과 최고영자에겐 연방법원에서 사기와 내부자 거래 등으로 24년 4개월형을 선고했다. 외부감사를 맡았던 미국의 5대 빅펌(회계법인) 중 하나였던 아서 앤더슨(Arthur Anderson)도 파산했다.

따라서 분식회계를 방지하기 위한 가장 좋은 방법은 경영자가 양심적으로 재무제표(財務諸表)를 작성하는 것이다. 하지만 이는 현실적으로 한계가 있기 때문에 외부 회계감사를 하는 것이다. 회계감사가 완료되면 감사의견을 감사보고서에서 표명하는데, 이때 적정의견, 한정의견, 부적정의견으로 등급을 구분한다.

이때 적정의견이란 표현은 재무제표가 회계기준이 정하는 바에 따라 결산서를 작성했다는 뜻이다. 즉, 적정의견이라는 의미는 기업의 경영성과나 재무상태가 양호하다는 것과는 다르다. 경영성과는 나쁘더라도 재무제표가 회계기준에 따라 사실대로 작성되어 있으면 적정의견을 표명한다. 그리고 한정의견이란 어떤 특정부분을 제외하고는 재무제표가 회계기준에 따라 잘 작성되어 있음을 나타내는 의견이다. 마지막으로, 부적정의견이란 회계정보가 회계기준과는 차이가 심해 그 회사의 재무제표는 신뢰하기 곤란하다는 것을 나타내는 의견이다.

(월간 신용사회, 2014. 11.) ♣

사내 유보금은 현금인가?

문재인 정부가 들어서면서 '사내유보금' 문제가 또 다시 쟁점이 되고 있다. 2017년 6월19일자 조선일보를 보면, '기업들이 투자하지 않고 임금도 올리지 않고 사내에 현금만 쌓아놓고 있다. 이런 기업들이 보유한 유보금을 환수해 서민들에게 도움이 되도록 해야 한다' 고 경제부 기자는 주장하고 있다. 또한 정부는 기업의 사내유보금을 근거로 통신요금 인하를 위해 압박에 나서고 있다. 이에 대해 기업들은 '사내유보금은 곳간에 쌓아놓은 현금이 아니다' 면서 '여기에 징벌적으로 과세하는 건 말이 안 된다' 고 반발하고 있다. 어느 경우이건 이런 지적과 논쟁이 일어날 때 보면 대부분 양측 모두 100%는 아니더라도 부분적으로 일리가 있는 경우가 대부분이다. 그러나 아이러니하게도 올바른 주장들은 일반 시민이 보기에 그리 설득력이 있어 보이지 않는다는 점에 더 큰 문제가 있다. 갈릴레오가 지구는 돈다는 주장을 당시의 종교인이나 시민들에게 쉽게 이해시키기에는 한계가 있었을 것이다.

같은 날 기사에서 권태신 전국경제인연합회 부회장은 '사내유보금에 대한 오해는 사실 용어 자체 때문에 증폭되는 경향이 있다. 유보라는 단어에는 투자나 임금 인상, 배당 등 기업이 해야 할 일을 하지 않고 회사 내부에 미루어 둔다는 느낌을 준다. 또 금(金)이라는 단어가 붙어, 마치 사내유보금 = 현금으로 오해하게 한다' 고 지적했다. 그렇다. 지금까지 사내 유보금에 대해 이 정도로 설득력 있게 설명한 사람을 아직 보지 못했다. 사내 유보금이 돈이 아니라면 문제의 초점은 '유보금' 이라는 용어 자체로 좁혀진다.

사내 유보금을 설명하기 전에 현금출납부 또는 가계부의 기록을 먼저 살펴보자. 가계부나 출납부는 현금이 들어오면 입금으로, 나가면 출금으로 기록한다. 이처럼 현금의 수지(收支) 사유 또는 결과만을 정리하는 것을 단식부기(單式簿記)라 부른다. 단식부기는 배우지 않아도 쉽게 알 수 있다. 특히 규모가 작거나 외상(신용)거래가 없는 조직의 회계로는 아주 적절한 방법이다. 그러나 치명적 결함이 있다. 첫째, 단식부기는 현금 수지 결산이 완료되어도 기업이 보유하고 있는 돈은 파악할 수 있어도 비품 등 자산이나 차입 등 부채의 파악이 어렵다. 둘째, 일정 기간의 경영성과나 경영자의 경영능력을 파악할 수 있는 손익계산서를 작성되지 않는다. 신용사회인 오늘날 외상채권이나 외상채무 또 재고자산이 얼마나 되는지를 파악하지 못하면 현대적인 회계로서는 치명적이라고 할 수 있다.

현금출납부

(2017. 1. 1 ~ 2017. 12. 31)

(주) 정수 (단위 : 원)

일자	구분	현금 출납부			비 고
		입금	출금	잔액	
2007. 1. 1	전기이월			30,000	
1. 9	상품매출	11,000		41,000	
2. 8	상품매입		12,000	29,000	
…	… …	…	…	…	
11. 9	은행차입	4,000		47,000	
12.11	배당지급		5,000	42,000	
합 계		62,000	50,000	-	

불행히도 자금수지만을 보여주는 단식부기는 회계장부로서 최대 단점이다. 이같은 단식부기의 단점을 해결한 기록 방법이 복식부기(複式簿記)이다.

재무상태표 (2017. 12. 31 현재)

(주)정수 (단위 : 원)

차면 (좌변: 재산 현황)		대변 (우변: 자금 원천)	
현금	30,000	차입금	40,000
상품	50,000	자본금	50,000
비품	20,000	이익잉여금	10,000
총계	100,000	총계	100,000

복식부기는 <표> 와 같이 좌변 (왼쪽)은 '재산은 각각 얼마인가?' 이고, 우변(대변)은 '그 재산을 이루기까지의 자금원천은 어디에서 나온 것일까?' 를 보여주는 재무상태표이다.

여기에서 '잉여금' 은 위 <표>의 좌변(차변) 항목이 아니고, 우변(대변)의 계정과목이라는 점이다. 즉, 자본구조를 설명할 뿐이다. 그 재원은 여러 재산을 형성하는 것은 맞지만 구체적으로 돈 자체를 말하는 것은 아니다. 돈일수도 있고 채권일수도 있고, 기계나 토지일수도 있다.

지금까지 대부분의 정치인은 사내유보금을 기업들이 금고에 쌓아두고 사용하지 않는 여유 재원으로 오해해왔다. 그러기에 유보금을 사용하지 않으면 과세를 한다고 하는 발상을 하게 된다. 이제는 더 적합한 용어를 찾아서 사용해야 한다.

가령 유보금 같이 '~ 금' 으로 있는 과목은 '현금보유액' 으로 오해할 수도 있으므로, 전체적으로 '~ 액' 으로 수정하는 것도 한 방법이 될 수 있다. 그동안의 논의 과정에서는 '세후 재투자 자본액'이 거론됐다고 한다.

이처럼 하나의 용어를 두고 서로 다른 뜻으로 생각할 때마다 갈릴레오가 생각난다. 갈릴레오는 지구가 둥글다고 설명할 때 자신의 말을 이해하지 못하는 성직자들 앞에서 어떤 심정이었을까 하는 생각이 문득 드는 것이다.

(2017. 3.) ♣

4차 산업혁명과 미래

바둑을 즐기는 나는 2016년 가을 우리나라 바둑의 1인자인 이세돌 9단과 '알파고' 라고 하는 인공지능(AI)과의 대결에서 이세돌 9단이 전승을 하리라는 막연한 기대에 차 있었다. 그런데 막상 대국 결과는 5전 중 겨우 1승만 하는 참패였다. 이 사건은 4차 산업혁명을 실감하는 순간이었다. 빅테이터를 이용한 인공지능시대가 앞으로 우리를 지배할 날도 얼마 남지 않겠구나 하는 생각까지 들었다. 이를 확인이라도 하듯이 자타가 인정하는 세계 바둑의 1인자 중국의 커제가 이길 자신이 있다고 장담을 하였건만 2017년 5월의 시합 결과는 이세돌보다 못한 3연패를 하고 눈물을 흘리고 말았다.

원래 혁명이란 짧은 기간에 사회적으로 큰 변화를 가져오는 것을 말한다. 산업혁명은 인류의 삶과 미래를 엄청나게 바꾸어 놓았다. 증기를 이용한 1차 산업혁명에 이어, 전기와 컨베이어 시스템으로 요약되는 2차 산업혁명이 일어났고, 지금은 컴퓨터와 인터넷으로 대표되는 3차 산업혁명 속에 살고 있다. 이처럼 지난 3차례의 산업혁명은 인간의 육체노동을 기계로 대체하는 변화였다.

언젠가 TV에서 할아버지 혼자서 유럽 구석구석을 여행하는 것을 보고 놀랐다. 그 나이에 체력도 체력이지만, 영어는 고사하고 외국어를 전혀 모르는 분이었다. 단지 미지의 세상을 보겠다는 용기와 스마트폰이 가진 것의 전부였다. 보통 사람들은 지금도 스마트폰을 통화나 게임용으로만 사용할 뿐 그 안에 동시통역기가 내장되어 있다는 것조차 모른다. 그러나 그 할아버지는 스마트폰의 통역기를 통하여 유럽 구석을 자유자재로 여행하고 있는 것이다.

지금 일어나기 시작한 4차 산업혁명도 인간고유의 영역이라고 여겼던 예측과 추론의 영역까지 기계가 대신하는 것을 말하고 있다. 2016년 초 스위스 다보스에서 열린 세계 경제 포럼(WEF: World Economic Forum)에서 클라우스 슈밥 교수가 제3차 산업혁명인 정보혁명에서 한 단계 더 진화한 혁명으로 4차 산업혁명이라고 언급한 뒤부터, 4차 산업혁명은 정보통신기술(ICT) 기반의 새로운 산업 시대를 대표하는 용어로 사용되기 시작했다.

이처럼 4차 산업혁명은 인공 지능, 사물 인터넷, 빅데이터, 모바일 등 첨단 정보통신기술이 경제·사회 전반에 융합되어 혁신적인 변화가 나더니는 차세대 산업혁명을 일컫는다. 현재 가장 앞선 기술로 인정받는 인공 지능(AI), 사물 인터넷(IoT), 클라우드 컴퓨팅, 빅데이터, 모바일 등 지능정보기술이 기존 산업의 기술들이나 서비스에 융합되어 활용되거나, 3D 프린팅, 로봇공학, 생명공학, 나노기술 등 여러 분야의 신기술들과 결합하여 모든 제품과 서비스를 서로 연결하고 지능화시키고 있다. 이처럼 4차 산업혁명은 빠른 연결성과 뛰어난 지능능력을 특징으로 하므로 기존 산업혁명보다 더 넓은 범위에서 더 빠른 속도로 더 크게 인간사회에 영향을 끼치게 된다.

4차 산업혁명 시대가 되면 빅데이터에 의한 인공지능 기술이 핵심을 이루게 될 것이다. 빅 데이터(Big Data)란 기존 데이터베이스의 차원을 넘는 대량의 데이터로부터 필요한 가치를 추출하고 그 결과를 분석하여 활용하는 기술이다. 이는 앞으로 정치, 사회, 경제, 문화, 과학 기술 등 전반에 영향을 끼칠 것이다. 그러나 장점이 있으면 폐단도 있게 마련이다. 바로 사생활 침해와 보안 등 윤리의 문제이다. 이런 문제들을 관리하지 못하면 빅 데이터는 빅브라더로 둔갑될 수도 있을지 모른다.

큰 기대없이 4차 혁명 관련 강의에 우연히 참석했다가 많은 이야기를 듣게 되었다. 강사의 설명에 따르면 4차 산업사회가 본격적으로 진행되면 기존의 직업 가운데 500~700개가 사라지게 될 것이라고 한다. 또한 필요한 사람의 비율도 3차 산업혁명 때보다 60~70%가 줄어들게 될 것이라고 한다. 우리나라의 경우만 해도, 2017년에 초등학교에 입학한 어린이의 50%는 4차 산업혁명의 영향으로 기존에 없던 새로운 직업에 종사하게 되리라고 전망하고 있었다.

그럼 4차 산업혁명이 이루어진 사회는 어떤 사회일까? 상상과 추론으로는 로봇, 인공지능, 3D프린팅, 자율주행자동차, 무인자동차, 휴면커넥션, 사물인터넷(IOT), 생명과학, 제조업과 정보통신기술(ICT)의 융합, 인간의 수명 연장 등 보통 사람들에겐 생소한 용어들이 일상적으로 사용하는 시대가 될 것이다. 이러한 개념들이 우리 앞에 현실로 나타날 때 빅데이터로 무장한 국가와 기업들은 모여, 그렇지 못한 국가나 기업은 경쟁에서 패배하여 세계시장에서 도태될 것이다.

그럼 앞으로 학생들의 교육은 어떠해야 할까? '학생들의 사고력과 문제 해결능력 및 창의력을 키우기 위한 교육이 되어야 한다.' 고 하는 데는 이의가 없다. 그러나 구체적인 실천방안은 명확하지 않다. 분명한 것은 일방적 강의 방식에서 벗어나 학생 스스로 문제 해결을 위해 생각하게 하고 그룹별 토론을 통해 문제 해결 능력을 키워가는 토론식 수업인 소위 유대인들의 '하브루타' 방식이 그 대안으로 설득력을 받고 있다.

4차 산업혁명에 접어들면 우리는 어떻게 대응해야 할 것인가? 그저 사회에서 뒤처진 대열에 서서 빠르게 변화되는 모습을 마냥 지켜봐야만 할 것인가? 아니면 적극적으로 대응해야 할 것인가. 물론 젊은이들에 비해 지적인 습득이 느릴 수밖에 없는 나이든 사람들은 그러한 변화에 뒤따라가기에도 벅찰 것이다. 그러나 조금씩이나마 적응해가면 되지 않을까? 4차 산업혁명이 일어난다고 해서 두려움을 스스로 키울 필요는 없을 것이다.

1차와 2차 산업혁명 시대에도 우리 선조들은 좋든 싫든 나름대로 적응하여 왔다. 또한 IT와 휴대폰으로 상징되는 3차 산업혁명 시대에 살고 있다고 하는 지금도 아직 1차 2차 산업혁명시대인양 휴대폰을 전혀 사용하지 않고도 크게 불편을 느끼지 않고 살아가는 사람들이 있다. 그런 면에서 4차 산업혁명이라 하여 무조건 긍정하면서, 그와 비교하여 인간의 행복을 과소평가해서는 안 될 것이다. 행복이란 새로운 환경에서도 돈이나 권력보다는 사람과 사람의 관계를 어떻게 할 것인지와 삶의 경험이 더 중요하다고 한다.

행복에 필요한 인간관계는 세상이 바뀌어도 달라지지 않으며, 행복은 사람들의 마음속에서 찾아야만 한다. 그렇다고하여 다가올 4차 산업시대를 앉아서 그냥 기다릴 수만은 없다. 토인비의 '도전과 응전' 에는 미치지 못하더라도 최소한 변화되는 흐름은 알아야 미래사회에 동행할 수 있을 것이다. 그래서 나는 오늘도 새벽부터 눈을 비비며 '4차 산업혁명' 을 구체적으로 배우려고 나서고 있다.

(2017. 3.) ♣

백향(柏香) 정병수(鄭秉洙)의 수필세계
- 김봉진 (문학평론가)

1.

정병수 수필가는 오늘을 열심히 살아가는 성실한 생활인으로, 그동안 삶에서 배운 바를 널리 알려 많은 이들에게 도움을 주려고 애쓰는 작가이다. 이러한 삶의 모습은 그가 쓴 수필작품들을 읽다 보면 그 속에 알알이 담겨져 있음을 알 수 있다. 또한 어릴 때 떠나온 고향마을에 대한 향수가 남달리 많은 작가이기도 하다. 그가 펴낸 첫 수필집인 《영원한 촌놈》에는 어릴 적 추억과 고향에 대한 향수를 담아 쓴 수필이 20여편이나 실려 있고, 이번에 두 번째로 펴내는 수필집 《촌놈이 어때서》에도 10여편이나 실려 있다. 정병수 작가의 제2수필집인 《촌놈이 어때서》에서는 수필작품들을 네 분야로 나누어서 싣고 있는데, 전체적으로 보면 그가 살아온 삶의 태도를 중심소재로 삼아 쓴 수필들이라고 할 수 있다.

2.

수필은 개인적인 경험을 통해 깨달은 바를 쓰기 때문에 다른 어떤 문학작품보다도 삶의 태도와 자세가 글을 통해서 그대로 드러난다. 이번에 펴내는 수필집 《촌놈이 어때서》에 실려 있는 40여편의 수필작품에서도 작품 하나하나마다 작가가 살아온 삶을 그대로 보여주고 있다. 이들 작품에서 수필가 정병수가 은근하게 내세우고 있는 작가의식은 바로 '촌놈'의식이다. 이번에 펴내는 수필집의 제목에서뿐만 아니라, 그가 쓴 여러 작품 속에서도 작가는 '촌놈'의식을 곳곳에 담아내고 있다.

'촌놈'이란 본래 도시 사람들이 시골 사람들을 얕잡아 보면서 부르는 별칭이다. 그런 별칭을 정병수 수필가는 작품 속에서 자랑스레 내세우면서, 역설적으로 '촌놈'의식을 더욱 강조한다. 여기에서 말하는 '촌놈'의식은 일반적으로 도시인들이 말하는 '촌놈'을 의미하는 것이 아니다. 정병수 작가는 시골에서 태어나 도시로 공부하러 와서 사회적으로 성공했다는 평가를 받는 사람들 중의 한 사람이다. 이런 그이기에 그가 내세우는 '촌놈'의식이란 일반적으로 도시인들이 시골사람을 비하시켜 말하는 촌놈이 아니라 도시의 도도한 풍물에 기죽지 않고 끝까지 강인하게 살아남아 자신의 주체성을 간직하고 있는 시골출신의 자존심을 나타낸다고 할 수 있다.

따라서 여기서 말하는 '촌놈'의식도 누구에게나 기죽지 않고 당당하게 자신의 일을 하는 사람, 즉 농부처럼 땅에 정직한 사람을 나타낸다. 이런 모습을 지닌 정병수 수필가이기에, 그는 공부를 하러 올라온 도시의 거친 세상에서 강인한 의지를 갖고 열심히 노력하여 성공하였고, 누구보다도 큰 결실을 이룬 작가이기도 하다. 따라서 그가 내세우는 촌놈의식도 그런 강인한 의지를 상징하는 표현이라고 할 수 있다.

최근에 용문사에 들렀다가 그 근처에 살고 있는 양수의 시골집으로 갔다. 그 옛날 컨테이너 박스만 있던 밭이 이제는 천지개벽하여 아름다운 별장으로 되어 있었다. 컨테이너의 외부를 집처럼 꾸민 탓인지 몰라볼 만큼 달라져 보였다. 양수는 적절한 넓이의 잔디 마당 한 쪽에 만들어놓은 크지도 작지도 않은 밭에서 나는 싱싱한 채소를 재배하여 먹고 있다고 했다. 집 주변을 둘러보니 갖가지 꽃들이 피어나고 있었고, 잘 자란 나무들은 너울거리는 나비와 새들의 친구가 되고 있었다. 집 뒤에는 대추나무, 복숭아, 배, 블루베리 등 각종 과일나무들이 주인을 기다리며 열매를 맺고 있었다. 나는 양수의 시골집을 다 둘러보고 나서 서울에 있는 집으로 가기 위해 내 차에 타면서 나도 모르게 중얼거렸다.

'그래, 이 나이에 촌놈이면 어때서?'

- <촌놈이 어때서> 일부

위의 글에서뿐만 아니라 그의 다른 작품들에서도 백향 정병수 수필가는 자신이 자라난 '시골'을 매우 사랑하고 강한 애착을 드러내는 표현을 많이 쓰고 있다. 고향에 대한 애착과 함께, 시골이란 결국 나이 들어 되돌아가야 할 미래의 자산이 되는 곳임을 암시하고 있는 것이다. 따라서 그의 수필 전체와 그의 삶을 관통하는 의식세계가 바로 그런 '촌놈'의식이라고도 할 수 있다.

3.

어느 작가이건 작가가 추구하는 작품세계는 그의 글 속에서 그대로 드러난다. 그것은 작가들이 추구하는 삶의 지향점이기도 하다. 정병수 수필가가 추구하는 삶의 지향점은 바로 '위를 보고 생각하되, 아래를 보고 생활해라' 는 어머님의 가르침이다. 어머니가 해주신 이 가르침은 작가가 대학시절에 돌아가신 어머님이기에 바로 어머님의 유언이기도 할 것이다. 그의 작품 '어머니'에 실려 있는 글을 통해 그의 작품세계가 추구하는 바를 살펴보기로 하자.

한번은 서울생활과 비교하여 힘들게 살아가는 우리 고향집에 대하여 불만스럽게 말했더니, 어머님은 나직하게 다음과 같이 말씀을 하셨다.

"위를 보고 생각하되, 아래를 보고 생활해라. 비록 현재의 처지가 힘들다 해도 생각과 뜻은 높은 데에 두고 더 나은 미래의 모습을 그리면서 살아가야 한다. 인생에 있어서 마음가짐과 생각이 그 사람의 삶을 결정짓기 때문이다. 그래서 인격이 고매한 사람, 능력이 특별한 사람, 부(富)를 이룬 사람들의 장점을 본받고 배우는 것이 필요하지. 반면에 생활은 아래를 내려다보고 하는 것이 좋아. 비록 처지가 힘들다고 해도 주위를 살펴보면 이 세상에는 나보다 더 힘든 사람들이 언제나 있게 마련이다. 그러면 내가 오히려 더 행복하고 축복 받은 사람이구나 하고 생각이 저절로 들게 마련이다."

평소에는 일에 지쳐서 별 말씀이 없으셨던 무학(無學)인 어머님께서 그날 짧게 들려준 이 말은 지금껏 어느 교회 목사님의 설교에서도 들어본 적이 없는 의미깊은 말이었다.

- <어머님의 교훈> 일부

작가가 돌아가신 어머님을 그리워하며 어머님이 남기신 이 말을 매우 강조하고 있는 것은 바로 그 말이 삶의 지표가 되고 있기 때문이다. '위를 보고 생각하되 아래를 보고 생활하라'는 가르침대로 정병수 작가는 생활 속에서 자신이 추구하는 진정한 가치를 찾아 실천하고자 한다.

특히 정병수 수필가는 제사나 혼사에서 이루어지는 옛 형식을 따르는 태도를 비판하면서 새롭게 바꾸려고 시도한다. 작가의 이러한 모습은 집안 제사나 자녀들의 혼례과정에서 기존의 관습과 형식을 따르지 않고 작가 나름대로 새롭게 시도하는 모습으로 제시되고 있다.

…(전략)… 벌써 한 여름입니다. 우리 집 아들 00과 귀 댁의 따님 00간에 혼담이 오간지 벌써 6개월이 지났습니다. 여러모로 부족한 아들이지만 귀 댁의 따님 00를 평생 사랑하며 행복하게 살겠다고 하니 허락하여 주시면 감사하겠습니다.…(후략)…

- <아버지와 제사 축문> 일부

제례의식이나 혼례에서 관습적으로 쓰여왔던 어려운 한문문장을 쉬운 한글문장으로 바꾸는 작업은 정신적인 혁신작업이고, 남에게 보여주기 위한 문화에서 함께 즐기는 문화로 바꾸는 중요한 작업이기도 하다. 그래서 정병수 작가가 시도한 쉽게 풀어쓴 혼례

문은 앞으로도 많은 사람들이 배우고 깨우쳐야 하는 매우 의미있는 작업이기도 하다.

조선시대의 실학자인 연암 박지원은 올바른 글쓰기로 '옛 것을 따르되 오늘에 맞게 새롭게 써야 한다[法古創新]'고 했다. 이것은 그저 단순하게 앞선 이들의 글을 그대로 따를 것이 아니라 현실에 맞게 고쳐 쓰면서 자신의 삶을 이끌어가야 한다는 말이기도 하다. 따라서 전통적인 행사에서도 참여한 모든 사람들이 이해할 수 있는 쉬운 표현을 쓰는 것이 연암이 말한 '새롭게 쓰는' 길이며, 바로 민주의식과 평등의식을 나타내는 것이다.

우리 사회는 아직까지도 보여주기 문화가 많이 남아 있다. 보여주기 문화는 이미 죽은 앞선 이들의 형태를 그대로 따르는 것이다. 특히 제사나 혼례의식에서는 전통적인 관습이라고 하여 예전에 써온 한문문장들을 그대로 사용하는 경우가 많다. 또한 지금도 '이른바 격식있는 자리'에 가면 일반 사람들이 이해하기 힘든 한자문장을 그저 앵무새처럼 낭독하는 경우가 많다. 그런 탓에 정작 그 자리에 참석했던 대부분의 사람들은 그 뜻을 제대로 알지 못한 채 시간을 보내는 경우가 많이 있다. 정병수 작가는 이러한 고답적이고 관습적인 태도에서 벗어나 오늘날의 현실에 맞춰 이해하기 힘든 한문표현을 과감하게 우리말로 고쳐 사용함으로써 모든 이들에게 제대로 그 뜻이 전달되면서 그 의미를 제대로 느끼도록 해주고 있다. 이와 같은 태도는 바로 '위가 아닌 아래를 보며 살아가는' 모습이기도 하다.

4.

정병수 수필가의 호는 백향(柏香)이다. 그의 고향인 쌍백면(双柏面)의 백(柏)과 그가 자란 마을인 향묵(香墨)의 향(香)을 합쳐서 만든 호이다. 그의 호인 백향(柏香)이 말해주는 것처럼, 정병수 수필가는 측백나무 향기를 지닌 작가라고 할 수 있다. 늘 푸르른 싱그러움으로 고향을 지키는 측백나무처럼 정병수 작가는 많은 수필작품에서 끊임없이 탐구하는 삶의 태도를 보여준다.

이러한 삶의 자세는 정직한 땀의 결실을 추구하는 농부의 삶과 매우 닮아있다. 흘리는 땀만큼 결실을 맺어주는 자연의 법칙처럼, 땅은 농부들의 발걸음만큼만 그 결실을 가져다준다고 한다. 우리네 농민들이 믿고 따르는 이러한 땀의 결실은 바로 정직한 삶의 자세이다. 지나친 욕심을 부리지 않고 자신이 흘린 땀만큼 결실을 바라는 농부의 삶이 바로 정병수 수필가가 추구하는 '촌놈'의 삶인 것이다. 그래서 첫 번째 수필집에 실린 작품과 이번에 펴내는 두 번째 수필집에 실린 작품들을 비교해보아도 그만큼 더 땀을 흘린 결실이 맺어지고 있음을 알 수 있다. 그러므로 앞으로도 지금까지 얻은 결실에 민족히지 말고 더 큰 결실을 얻을 수 있도록 글쓰기를 꾸준히 했으면 한다.

이제까지 정병수 수필가는 땀을 흘린 노력만큼 성공적인 삶을 살아왔다. 목소리 큰 사람이 인정받는 우리 사회의 잘못된 풍토에서도 그는 자신의 길을 묵묵히 걸어가면서 그만큼 노력한 가치를 인정받아 왔다. 이는 남의 눈치 보지 않고 성실하게 살아왔기 때문일 것이다. 그런 까닭에 정병수 작가는 앞으로도 꾸준히 글과 행동으로서 주변 사람들을 깨우쳐주는 삶의 자세를 보여주리라고 믿는다. 진짜 '촌놈'의 세계란, 바로 이제까지 정병수 수필가의 여러 작품에서 보여주는 것처럼, 말과 글이 일치하는 삶의 자세를 말하기 때문이다. ♣

국립중앙도서관 출판예정도서목록(CIP)

촌놈이 어때서 : 정병수 두 번째 수필집 / 지은이: 정병수.
-- 서울 : 비움과 채움, 2017
p. ; cm

ISBN 978-89-93104-43-1 03810 : ₩12000

한국 현대 수필[韓國現代隨筆]

814.7-KDC6
895.745-DDC23 CIP2017027545

촌놈이 어때서

지은이 : 정병수
펴낸이 : 김봉진
펴낸날 : 2017년 11월 4일 1판 1쇄 펴냄
펴낸곳 : 도서출판 비움과 채움
㉾06753 서울시 서초구 강남대로 25길 15,
동인빌딩 302호
전자주소 : ranto@hanmail.net
ISBN 978-89-93105-43-1 03810

값 12,000**원**